重构平台型组织

穆胜 著

RECONSTRUCTION OF
PLATFORM-BASED ORGANIZATION

机械工业出版社
China Machine Press

图书在版编目（CIP）数据

重构平台型组织 / 穆胜著 . -- 北京：机械工业出版社，2022.3
ISBN 978-7-111-70288-7

I. ①重… Ⅱ. ①穆… Ⅲ. ①企业管理 - 组织管理学 Ⅳ. ①F272.9

中国版本图书馆CIP数据核字（2022）第037604号

互联网和数字化时代是万物互联的时代，整个商业社会形成了一个更加庞大的系统，酝酿了大量的不确定性。在这样的不确定性中，传统的金字塔组织尾大不掉，举步维艰，而更加灵活的平台型组织则可以抓住机会，对抗风险。组织转型是大势所趋，但大多渴望实践的企业却鲜有方法。本书不仅呈现了逻辑清晰的理论，更披露了在组织结构（责和权）、激励机制（利）和赋能机制（能）三大领域的具体变革思路，并进一步给出了能够指导实践的方法论模型，堪称转型平台型组织的标准化操作手册。

重构平台型组织

出版发行：机械工业出版社（北京市西城区百万庄大街22号　邮政编码：100037）				
责任编辑：岳晓月			责任校对：殷　虹	
印　　刷：北京诚信伟业印刷有限公司			版　　次：2022年4月第1版第1次印刷	
开　　本：170mm×230mm　1/16			印　　张：14	
书　　号：ISBN 978-7-111-70288-7			定　　价：79.00元	
客服电话：(010) 88361066　88379833　68326294			投稿热线：(010) 88379007	
华章网站：www.HZbook.com			读者信箱：hzjg@hzbook.com	

版权所有·侵权必究
封底无防伪标均为盗版

序

别谈理论了，谈谈方法

互联网和数字化时代是万物互联的时代，整个商业社会形成了一个更加庞大的系统，酝酿了大量的不确定性。在这样的不确定性中，传统的金字塔组织（hierarchy）尾大不掉，举步维艰，而更加灵活的平台型组织（platform-based organization）则可以抓住机会，对抗风险，如鱼得水。

即使在工业经济时代，金字塔组织的弊端也让人痛心疾首。在这样的组织模式里，以部门墙、隔热层、流程桶、指标真空罩为特征的"大企业病"极大地拖低了企业的效率，不仅让老板深恶痛绝，也让员工倍感失望。在这样的"内卷"里，员工的热情和创造力被耗散，各种资源被浪费，一个个本来前途光明的企业逐渐暗淡、沉寂、消失在历史的长河里。

从另一方面说，基业长青的标杆企业，几乎都在组织管理上打下了坚实的基础，而它们中的翘楚，更是实现了组织转型的突破，跳出金字塔组织衰败的宿命，成为平台型组织模式的先锋。它们以10年以上的淬火锻造，才有了组织今天的百炼成钢，这让人艳羡，却又难以复制。商界里流传的都是这些企业的传说片段，而不是系统全貌；这些企业也愿意分享自己的境界，但不愿意披露操作的方法。㊀ 于是，其他企业有心对标，却无从下手。

在过去的几年时间里，商业社会从来不乏对于组织转型的关注，但这些关注更多留下的是理论与大词，并没有激发出方法论层面的共识。对于那些凤毛麟角的转型先锋企业的观察，也大多浅尝辄止，沦为了纪实文学。一旦没有方法论来连接实践、反馈效果，所有的理论就会看似百花齐放，实则自说自话。

现在的组织转型领域有点像个江湖。一个城市里武馆林立，各门各派开门收徒、兵强马壮，武功套路神乎其神，外宣口号响彻天际，掌门之间拱手作揖礼让有加，商业互捧轻车熟路，行业看起来一片繁荣。偶尔有一天，一个不信邪的挑战者突然闯入，挨个上门踢馆，轻而易举地挑翻了整个江湖。

长期提理论、造大词、转㊁文案的组织转型流派，就是这个江湖里的武馆，而突如其来的不确定事件，可能就是那个不信邪的挑战者。在互联网和数字化时代，一定会有这样的事件来袭，检验这些流派的实战能力，到时候，这个虚假繁荣的江湖可能会很尴尬。

2018年，我出版了《释放潜能：平台型组织的进化路线图》，初步抛出了平台型组织的理论和方法论体系。2020年，我又出版了《平台型组织：释放个体与组织的潜能》，进一步对上述理论和方法论体系进行了迭代。穆胜企业管理咨询事务所在这一领域的项目型实践，则可以追溯到2015年；我个人对

㊀ 企业之所以选择这样的宣传口径，原因有二：其一，这样的传播方式将自己的成功标签化、简单化，更容易吸引流量；其二，企业形成的最佳实践最初都是从问题出发、实用主义的取向，它们没有动力将其总结为能够对外推而广之的模式。

㊁ 转读音为"zhuǎi"。

于这一领域的研究,则在 2010 年前就开始了。理论的研究让我形成了清晰的体系框架感,而若干我亲自操盘的一手案例则为这个框架添加了实践的温度。前者是本分,后者却是底气。正是因为疯狂地投入实践,我对平台型组织的认知才能够迅速升级,才有了本书的瓜熟蒂落。

在本书里,我为读者奉上了最大的诚意,将穆胜企业管理咨询事务所的方法论尽可能地进行了分享。诚然,涉及商业秘密的部分无法披露,但这套方法论的逻辑框架已然在本书里勾勒成型,颗粒度绝对饱满。在此,我也真诚邀请有意愿的先锋企业尝试实践。

其实,本书之所以坦诚地抛出方法论来接受各方检验,与我对于管理的信仰有很大关系。

我始终相信每个企业都拥有我们难以估量的"潜能"。往小了说,这种"潜能"是员工"个体"被压抑的能力和意愿;往大了说,这种"潜能"是员工可以盘活的一切"组织"资源。让这两类"潜能"陷入囚徒困境、不能被释放的瓶颈,正是金字塔组织形成的牢笼。

一方面,"潜能"是机会。如果我们能推动企业转型为平台型组织,让员工对管辖的组织资源负责,掌握小老板一样的权力,像做自家的事情一样做公司的事,这些"潜能"就能得以变现,产出让人惊讶的经营业绩。

另一方面,"潜能"也是负担。如果企业长期固守金字塔组织,老板总是把员工当成打工仔,总是一副"赏几个碎银"的态度,员工就会变成按部就班的"机械人","潜能"就会变成破坏组织的怨念,"潜能"越大,怨念就越大,企业必然会在某个时间崩塌。

经过多年验证，我可以慎重而笃定地给出结论：平台型组织是释放这些"潜能"的终极答案。本书名为《重构平台型组织》，"重构"二字传递的是一种坚定的信念——所有企业手中都有一把自己的"牌"（即掌握的资源），没有必要埋怨这把"牌"不好，只要换个打法，就能够释放出"潜能"。说白了，相比原来的成绩，不会变差，只会更好。而这种新的打法，就是构建平台型组织。

我在学习与实践的过程中，曾经涉足组织管理各大流派，包括流程再造、KPI管理、企业文化、中国式管理、阿米巴等。但我发现，这些模式都有明显的漏洞，[⊖]只是延缓了金字塔组织的衰败，治标不治本。人们对这些模式的态度往往也存在一个误区，即一旦发现可能的漏洞，就会寄希望于人性的"阳光面"，认为"员工也不都是坏人吧""大家总有点正气嘛"……

这种想法何其幼稚！用不完美的制度来考验人性，结果一定是个悲剧。所以，每当有一种自称优秀的组织模式冒出来时，我们只需要假设一个最坏、最聪明的人能不能从中"钻空子"。如果有，这个组织模式就不可能成立，因为只要有一个人"钻空子"，一定会有无数个人"钻空子"。一旦这个组织模式经得起这种严苛的"检验"，它就可以让最坏的人变得最好，让组织内人性的善意最大化。

平台型组织正是这样一种可以经得起"检验"的组织模式，我相信它可以释放出个体与组织的潜能。这正是我提笔写本书的意义所在——相比理论，企业更需要这些方法。

本书按照我习惯的逻辑，共分为三个部分。

⊖ 详见作者拙著《平台型组织：释放个体与组织的潜能》上篇。

上篇解决"为什么"（why）的问题。这部分对于企业的组织转型给出了更简单直接的理由。金字塔组织必然导致的大企业病是根源，但无论是管理双杀效应，还是互联网与数字化时代的超级不确定性，都不足以让大多数老板选择组织转型。真正让他们集体行动的，可能是即将消失的黑暗维度红利，以及共同富裕的社会导向。简单说，红利型的业绩增量很快会消失，企业在组织管理上不可能再走粗放路线，要用"分好蛋糕"来推动"做好蛋糕"。

中篇解决"是什么"（what）的问题。这部分给出了平台型组织的建设标准，不仅从组织模式的"形"和组织能力的"神"上分析了如何打造平台型组织，更在组织结构（责和权）、激励机制（利）和赋能机制（能）三大领域探讨了具体的变革思路，即三台架构、市场化激励和知识流赋能。值得一提的是，本篇也抛出了"平台型组织成熟度模型"，在三大领域界定了转型阶段，方便企业"按图施工"。

下篇解决"怎么做"（how）的问题。这个部分深入三大领域，给出了更加详细的操作方法。在每个领域，我都给出了一个基础框架模型，统一操作思路；再进入每个领域的次级领域，我也尽量给出了能够指导实践的方法论模型，辅导落地实施。这个部分也明确提到，打造平台型组织是个系统工程，但打造财务和人力双BP（业务伙伴）组成的组织中台，绝对是个最好的切入点。最后，为了匹配不同企业的实际情况，我给出了三种方案选择：激进疗法、保守疗法、放弃转型回归金字塔组织建设。

在"平台型组织"的主题上，我已有拙著若干出版。⊖ 在写作《平台型组织：释放个体与组织的潜能》前，我就有了"平台型组织三部曲"的策划，意

⊖ 在范围更大的"组织转型"的主题上，我在更早期推出了《云组织》《人力资源管理新逻辑》等书籍，其内容可以看作"平台型组织"这一内容体系的萌芽。

在从理论到实践全方位地呈现我对于这个主题的理解。

《平台型组织：释放个体与组织的潜能》算是第一部，是依托国内外标杆企业的案例，结合穆胜企业管理咨询事务所团队的实践，提出一个可供大家讨论和验证的原创理论和方法论体系。本书则是第二部，继续沿着第一部曲的原创体系展开内容，但几乎全部以我们的一手实践（或一手调研）作为支撑，其中，对于理论的刻画更加模型化，对于方法论的呈现自然也更加细节化、更能落地、更有温度。说白了，本书讲的是我的组织管理世界观，使用的是我的语言和词汇，给出的是我经过验证后认为正确的理论和方法。至于读者是否有共鸣，就要看缘分了。但我相信，关注这一领域、有心实践的读者一定能够从本书中读出我用"实践"背书奉献出的诚意。

实践是检验真理的唯一标准，是时候暂时放下理论，谈谈方法了。

目 录

序　别谈理论了，谈谈方法

上篇 | 组织转型按下加速键

3　第一章　组织转型的三大理由

3　大企业病
5　管理双杀效应
8　超级不确定性
9　僵住的组织转型

11　第二章　警惕，"黑暗维度"消失

11　一夜消失的"黑暗维度"
14　危机四伏的组织管理
17　是时候拥抱组织转型了

| 19 | 第三章　大势，走向共同富裕 |

19	"共同富裕"的背后
21	被遗弃的组织管理
22	分配的帕累托改进
24	"企业组织"的终极答案

| 26 | 第四章　真有那么多组织转型吗 |

27	组织转型的众声喧哗
29	组织转型的四大潮流
31	组织转型的三大陷阱

| 36 | 附录1　什么样的企业会选择组织转型 |

37	六个角度分析组织转型动因
38	两个维度看转型迫切意愿
40	大企业病和组织转型有关系吗
42	什么企业真正会做组织转型

中篇 ｜ 平台型组织的建设标准

| 47 | 第五章　走向平台型组织 |

47	硅谷不是组织终局
50	无限分形的平台型组织
53	如何落地组织转型

| 56 | 第六章　组织能力建设 |

| 56 | 组织能力与平台型组织 |
| 59 | 组织能力建设的AFB法则 |

| 61 | 组织能力设计矩阵 |

第七章 组织结构转型 — 64

65	组织结构的死胡同
68	重组三台架构
71	前台建设
73	中台建设
75	后台建设

第八章 激励机制转型 — 77

78	传统激励机制糟透了
82	市场化激励的方向
86	职能并联
88	用户付薪
89	动态优化

第九章 赋能机制转型 — 91

92	传统赋能机制的窘境
94	知识流赋能的方向
99	知识体系
101	商战淬炼

附录2 组织调整的五种套路 — 104

104	套路1：重组前台部门
106	套路2：重组业务中台部门
108	套路3：职能后台瘦身
110	套路4：调兵遣将
111	套路5：文案"上价值"
111	套路之外的真正答案

下篇 | 平台型组织转型实操

115 第十章 三台架构

115 三台架构全景图
119 前台双层生态
122 业务中台碎片化
125 组织中台双轮驱动
129 后台背后的发动机

135 第十一章 市场化激励

136 皮姆矩阵
138 三段式薪酬
141 漏斗式分配
144 合伙式奖金
146 三预一致

149 第十二章 知识流赋能

150 创客知识黄金圈
153 知识管理变革
156 数字化赋能变革

159 附录 3 云上的人力资源部

160 HRBP——政策警察？
162 HRBP——战略合作者？
165 HR 云平台

169 第十三章 一支转型先锋队伍

170 双 BP，大势所趋

171	旧定位，政策警察
175	新趋势，夹层出现
179	进化墙，纠结徘徊
183	找病灶，终极解法

188　第十四章　两条组织转型路径

189	激进疗法
192	保守疗法
195	放弃也是一种选择

198　附录 4　创业公司应该如何做组织管理

198	组织是如何"堕落"的
201	老板的两种妄念
203	组织是系统，组织无捷径

207　参考文献

上 篇

组织转型按下加速键

――――

　　组织转型是大势所趋,这已经是商界当下无须争论的共识。但把趋势套到自己的企业,是否要做组织转型,这依然是个问题。

　　事实上,尽管在金字塔组织形成的大企业病中煎熬,但真正敢于选择组织转型的企业其实并不多。很多老板依然相信大企业病是企业规模扩大后的必然,并不足以致命。所以,即使他们看到了太多企业轰然倒下的恐怖故事,也会习惯于相信自己"命好",在组织转型上继续保守。这种保守像温水煮青蛙一样,消耗掉了企业的组织能力,让企业在互联网与数字化时代丢掉了大机会,躲不过大风险。

　　组织模式的进化像一个正在播放的视频,所有人都知道进度条会向前走,也知道终点的景象,但还得忍受被按下的"慢放键"。

　　但在当前,可能发生了两个巨大的变数。

　　一是政策规制导致行业红利消失。在过去若干年里,互联网经济浪潮带来了一波红利,造就了若干互联网巨头企业的神话,更为大量传统行业带来了外部利好。在这样的外部环境里,老板们的心思聚焦于经营上的取巧,而非组织上的创新。他们的保守情有可原,因为有了业绩的巨大增量,粗放的组织管理也问题不大。但是,国家对于互联网等行业的规制很快如约而至,在粗放发展期里以垄断等手段获得的红利,未必经得起推敲。如果要精耕细作,这些过惯了好日子的企业,就不得不走向组织转型,打造强大的组织能力。

二是共同富裕已经成为明确的主流价值导向。过去,组织创新的声音并不鲜见,但绝大多数老板向往的"组织创新",实际上是一种反智主义的"去管理化美梦":形式上,是以上班不用打卡、不穿工作服、不要 KPI 等方式来主张创新;实质上,是花钱买员工的时间和体能,以"996"、大小周加班、海量会议等形式,回归到了最传统的金字塔组织。如此一来,人力资源作为重要的生产要素,自然没办法以绩效产出来享受产业红利,而是逐渐"贱化"为低端生产要素,贫富差距必然会拉大。这种僵局下,企业走向组织转型,让员工在独立的领域贡献企业家才能,并获得类似创业者的激励,可能是一种对各方都有利的帕累托改进。

突然之间,时代已经为组织转型按下了"加速键"。

第一章

组织转型的三大理由

互联网和数字化时代，一定会产生一种新的组织模式，无数人对此坚定不移。但组织转型必然是一种艰难的选择，需要投入巨大的成本，而不是一场必胜的出征。所以，尽管企业有太多的理由走向组织转型，但真正付诸实践的却是凤毛麟角。于是，大量的企业一面在埋怨组织僵化，承担痛苦，一面却继续龟缩，怠于行动。

要看清组织转型的趋势，首先需要探寻组织转型的真正动因和企业的实际态度。

大企业病

第一个理由是慢慢滋生的大企业病让老板不安。所谓大企业病，就是企业长大以后的官僚化，用现在流行的一个词语来描述，就是"内卷"。这些官僚的形态可以描述为四类——部门墙、隔热层、流程桶、指标真空罩。对于这些现象，真正在企业待过一段时间的人应该都有体会。

- ◎ 部门墙——横向协调困难，调不动资源。每个部门只做自己一亩三分地的事，多走半步也不愿意，自己的事情又越做越少，部门之间出现了一堵堵厚厚的墙。
- ◎ 隔热层——纵向沟通阻滞，说不清授权。上级要么迷恋权力，要么不敢授权，由于上下级权力分配没有说清楚，市场的信息上不去，上级的决策下不来，老板被"困死"在办公室里。
- ◎ 流程桶——流程环节无限复杂，一个节点停滞，整个链条停滞。越有流程效率越低，于是流程里的每个节点变成了更大的官僚。
- ◎ 指标真空罩——这是我提出的一个概念，就是说，虽然分解了KPI，但这些KPI与公司战略没有多大关系，反而变成了每个人保护自己的真空罩，一句"我已经完成了我的工作"就万事大吉。

所有这些官僚主义，都让企业内员工的创造力和各类资源被封死，无法创造价值。这些内卷，所有人都能感觉得到，但老板一定是最痛的。但在老板中，也仅有少部分人会选择组织转型，而另外的绝大多数则不为所动。

这个也很好解释。这些老板相信，只要还有人力资源管理中的绩效评价，任用好人、淘汰坏人，员工就依然会被驱动，组织就坏不了。即使现有绩效评价的结果大多没有区分度，呈现纺锤体分布，只要在头部推优推模、尾部鞭打后进，整个组织的风向也不会太差。

另外，加上一些HR实施的晋升诱惑、降级威胁、组织关怀、科学算命[一]，

[一] 大量理论分析和概念包装，说的都是不用分析就知道的事，其目的是让企业显得很规范。

组织也应该是井井有条的。还是那句话，只要组织大风向不乱，行业有基本的利润率，企业业绩就差不了，也兜得住人工成本预算，不就是效率低一点嘛！

还有个深层次问题，可以追溯到大家对于组织管理底层逻辑的认知上。大多老板会认为，伴随着企业的长大，大企业病根本无法避免。既然如此，何必大动干戈进行组织转型呢。

管理双杀效应

上述看法肯定是有问题的，而且这种问题在互联网和数字化时代会暴露无遗。这就是让老板们下决心做组织转型的**第二个理由——悄悄逼近的管理双杀效应**。

我们发现，企业的成长会经历生命周期的三个阶段（见图1-1）。

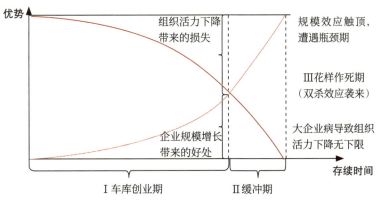

图1-1 企业成长的三个阶段

资料来源：穆胜企业管理咨询事务所。

第一个阶段是车库创业期，企业凭借创始团队的组织活力脱颖而出，实现

增长。这个阶段是可以"弱管理"的,因为团队小,每个人都可以无限补位,且不计较暂时的回报。大家心中都有一个想法,把企业做上市,实现财务自由和人生价值。

这个时间窗口通常只有 7 年左右。道理很简单,每个联合创始人或高管对一个创业项目的热情大概持续 3 年,除非项目持续往上走,给他们更大的期待。初创团队如果没有一飞冲天,基本就只能通过老板透支信用的方式再挣扎一轮,引入新的团队再来一个 3 年。这样一共是两个 3 年,中间还有 1 年的切换期,这就是 7 年。所以,如果没有在 7 年里找对战略方向,企业基本就会一直平庸,因为后进来的人就是职业经理人心态了。战略没有找对的前提下,人才也更平庸了,企业的发展前景如何,就不用多说了。

第二个阶段是缓冲期,企业已经上到了一定规模,可以凭借规模经济的优势实现增长。规模经济的爆发力非常强,这个时候企业会走上业绩快车道。但是,由于规模增加了,人员也增加了,于是分工更细,层级更多,流程更复杂,KPI 无处不在,大企业病一定会如约而至。整体而言,组织活力下降带来的劣势被规模经济带来的优势盖住了,企业看起来形势还是不错的。

第三个阶段如何定义完全在于企业的选择,做好了就是蝶变期,做不好就是花样作死期。这个阶段,因为大企业病,规模经济效应已经触顶,[一]而大企业病却愈演愈烈,完全没有下限。这引发了**"管理双杀效应"**,即如果人力资源效能[二](HR efficiency,简称"人效")下降,就会拉低财务效能[三](financial

---

[一] 不是规模经济这种经济学规律消失了,而是大企业病导致规模经济发挥不出来,甚至出现"反规模经济"。

[二] 即以人数或人工成本为口径衡量的投入产出比,典型指标如人工成本投入产出比、人工成本报酬率、人均营收、人均毛利、人均净利等。

[三] 即以财务投入为口径衡量的投入产出比,典型指标如毛利率、利润率、投资回报率、投入资本回报率等。

efficiency，简称"财效"），而财务效能下降，又会反过来拉低人力资源效能，双向交叉作用，导致企业轰然倒下。我们的研究结果显示，**在互联网属性的企业里，人效每变动 1 个单位，财效会同向变动 4.33 个单位。**

有的企业在第一个阶段冲得很猛，希望进入第三阶段后能够"大而不倒"。但当它们带病发展，冲入第三个阶段时，一切都已经来不及了。现实是，规模效应释放越大，管理双杀效应来得越猛，你驾驭不了的规模，可能是你的索命符，典型代表就是凡客诚品、乐视、ofo、瑞幸咖啡等企业。

要摆脱这种宿命，只能在第二阶段的缓冲期下功夫。这个阶段的前半段，应该老老实实地搭建传统金字塔组织，建立流程、分工、KPI 等管理基础；后半段，则要亲自打破这些管理基础，走向组织转型。这是一个不大的时间窗，考验的却是老板的管理信仰和格局。在业绩看似不错的第二阶段，有几个老板愿意选择组织转型呢？

现实是，大多老板依然不顾管理双杀效应的威胁而拒绝组织转型，毕竟倒下的大巨头是少数，他们更相信自己的"命好"。豪情万丈的老板们也默认牺牲效能赢得规模的打法，至于人效和财效下降背后成本费用的上升，在规模面前都可以让路。

除了这类有野心的老板，另一类老板的心态也很有意思，他们不求蝶变，但求不死，于是更愿意小修小补，维持现状。他们的潜台词是：企业有大有小，不一定非要卓越，只要维持住现有的市场规模，"躺平"也是一种生存方式。问题来了，企业要保守行不行呢？我的答案是否定的。

过去，企业可以平庸生存，但在互联网与数字化时代，并没有给平庸企业太多生存空间，即使现在有，也可能因"全域竞争"的来临而消失。另外，即使能够躲在"角落",企业也会被封死上限,随着产业的衰亡而衰亡,无法寻找第二曲线。这并不是一个明智的选择。

超级不确定性

内部的问题,老板都可以视而不见,唯一可以让他们再谈组织的,就是外力了。**这就是第三个理由,互联网和数字化时代的"超级不确定性",即无处不在的"黑天鹅"和"灰犀牛"。**

这两个词大家应该都不陌生,"黑天鹅事件"是指难以预测但有重大影响的事件,而"灰犀牛事件"是指人们习以为常但有重大影响的事件。我们应该清醒地认识到,在这个数字化与互联网的时代,商业世界的连接是越来越紧密的,而当一个商业世界成为一个紧密连接的系统,诸如黑天鹅和灰犀牛的"巨型不确定事件"就会频繁发生。

这些不确定事件给企业带来若干次的大考,都是在拷问企业的组织能力。组织能力卓越的企业不仅可以生存,还能赢得更多的机会;相反,组织能力平庸的企业则会黯然退场。

一方面,有的企业在迅速抓住机会。拼多多、抖音、Zoom 等平台,泡泡玛特、元气森林、喜茶、钟薛高等新兴品牌,凭借时代赋予的技术红利(如 5G 技术带来的视频播放速度)和文化红利(如二次元文化带来的消费趋势),在短时间内爆发势能,一飞冲天,已经成为商业世界里让人艳羡不已的当代传奇。

另一方面,绝大多数企业都在承受风险。中国的企业近年来已经遭遇了太多的黑天鹅与灰犀牛,最严格环保政策、中美贸易摩擦、新冠肺炎疫情等,无一不让企业头疼,在这些不确定性中倒下的企业也不少。尤其是新冠肺炎疫情,开始让老板们痛定思痛。

企业都在思考,如何才能建立一种有韧性的组织,既能捕获时代红利,又能屏蔽时代风险。

我们可以思考一下,一边是精心修建的花园,一边是亚马孙热带雨林,哪个生态系统更有韧性?答案显而易见。热带雨林里的每个物种都不是规划出来的,它们深深扎根于环境,既能洞察周边,灵活繁衍,又能相互滋养,具有极强的自我修复能力。那么,我们能不能让企业也变成热带雨林,让每个组织模块变成一家公司,让它们完全基于市场环境(客户和资源)来生长呢?

上述分析从逻辑上没有任何问题,但回归现实,大多老板还是会对于组织转型视而不见。他们会割裂经营与管理,将生存的筹码放到外部经营上,期待能够乱中套利,而组织转型的事,以后再说吧。

僵住的组织转型

上述三个动因,老板如果被一个击中,都会走向组织转型。正如**英特尔前首席执行官安德鲁·格鲁夫**所言:"纵观任何一家企业的发展历史,至少会出现那么一个时刻,你必须做出巨大的改变,才能将业绩提升到更高的水平。错过这一时刻,你就会开始走下坡路。"我们看到的是,留给企业的时间窗并不大,如果在缓冲期不调整管理,不准备组织转型,企业就会前途堪忧。

我们不妨回想中国企业的两棵常青树——海尔和华为。两家企业都是在

1998年迅速上规模时开始调整管理，随后，它们都走向了平台型组织，而这种打磨管理的诚意让它们收获了如今的成功。以华为为例，1998年，它引入了IPD（集成产品开发）系统，而在2008年，中兴通讯才引入了相似的HPPD（高效产品开发）系统，2020年，两家企业的营收差距已经是7899亿元人民币左右。

现实中，谈论组织转型的企业很多，但真正付诸行动的只是凤毛麟角。根据穆胜企业管理咨询事务所发布的《2021中国企业平台型组织建设研究报告》显示，企业只有真正实现了战略认知和管理水平上的突破，才会真正需要组织转型。在642个样本企业中，这类企业仅占4.67%（见附录1 什么样的企业会选择组织转型）。

显然，它们是"主动的变革者"，但这样的企业和老板，太少了。

第二章

警惕，"黑暗维度"消失

在过去产业红利迅速释放的几年里，显然大多享受红利的企业在组织转型上是语言大于行动。它们敢于忽略组织，放弃组织转型，最大的底气还是来自自己的"增量"或"预期的增量"。如今，这个局面可能要改变了。

一夜消失的"黑暗维度"

在过去 5 年里，尽管经济增速放缓，但以互联网为核心的圈子依然有若干的造富神话。互联网技术渗透到商业世界的每个角落，供给侧（产业互联网）和需求侧（消费互联网）都大大提升了效率，可以说形成了经济体系的底层逻辑。因此，在这股经济浪潮中，不仅 BATM（字节跳动、阿里巴巴、腾讯、美团）等互联网企业首先迅速崛起，K12 教育、新消费等赛道也有企业借势迅速上位，甚至房地产、白酒等传统巨头也在触网持续发力（见图 2-1）。客观地说，这些新老势力的成功，的确有力支撑了中国经济的增长势头。

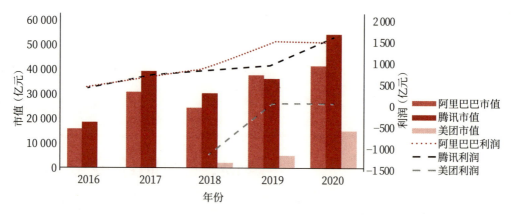

图 2-1 互联网一线大厂的市值与利润

资料来源：腾讯、阿里巴巴、美团的财报，穆胜企业管理咨询事务所。

这些聚光灯下的龙头企业，惠及了周边生态，也让大多企业艳羡不已。于是，互联网企业极速狂奔，传统企业关注的则是如何通过"互联网化"重获新生，获得跨越式发展。这样的氛围下，组织管理的雕琢太过笨拙，商业模式的取巧才是主流。对于大多数老板来说，组织管理太过烦琐，他们听两句就累了。

但这种增长真的可以持续吗？这让我想起了漫威宇宙中的古一法师，这位强者能够以人的肉身长生不老，是因为从"黑暗维度"获得了力量。与此相似，带动这波经济浪潮的互联网企业，都或多或少地从"黑暗维度"里汲取了力量，成长为今天的巨头。这种增长，可能需要好好推敲。

举例来说，互联网巨头在发展初期，大量通过兼并对手的方式来获得垄断地位。很难想象，若干市场集中度奇高的重要行业，前两大巨头的合并居然能够一气呵成。

在企业形成垄断的市场地位后，滥用市场权力的行为一定会出现。至于强迫商户"二选一"之类是不是滥用市场权力的行为，大家不用争论，一查法条就知道了。

话分两头，互联网企业的垄断有没有带来产业效率的提升？一定有。举例来说，如果没有阿里巴巴这样的巨头，各大物流公司根本不可能在"菜鸟"体系上形成标准化服务。以头部企业做大做强来推动行业进步，本来就是产业生命周期里的规律。只不过，逐利的资本推动了头部企业更快速地形成，快速到跳过了竞争。几年间，互联网的各大赛道迅速产生头部玩家，以赢者通吃的逻辑雄踞一方，它们让行业效率更高，自己也赚得盆满钵满，更给予资本丰厚回报，看似多赢。

但现在，经济动能转换，"重制造、轻服务"的调控信号已经明显得不能再明显，"黑暗维度"似乎一夜间消失了。2021年4~7月，国家针对互联网行业的反垄断和其他规制一波接一波（见表2-1）。互联网巨头一片哀号，但似乎没有人认真思考过，这个"黑暗维度"迟早会消失，犹如古一法师最终还是回到了光明。

表 2-1 互联网头部企业遭遇的反垄断规制

规制对象	时间	原因	政策或行动
京东	2020年12月24日	开展自营业务存在不正当价格行为	国家市场监督管理总局依法对京东处以罚款50万元
阿里巴巴	2021年4月10日	对平台内商家提出"二选一"要求	国家市场监督管理总局责令阿里巴巴集团停止违法行为，并处以罚款182.28亿元
美团	2021年4月26日	涉嫌实施"二选一"等垄断行为	美团回应称"公司将积极配合监管部门调查……"证实监管部门已经介入
腾讯	2021年7月10日	作为大股东，促成头部游戏直播平台斗鱼和虎牙进行合并	国家市场监督管理总局发布公告，叫停合并

（续）

规制对象	时间	原因	政策或行动
滴滴	2021年7月16日	无视监管部门推迟其赴美上市计划的建议，且存在严重违法违规收集个人信息问题	国家网信办等多部门进驻滴滴开展网络安全审查，禁止滴滴注册新用户，要求滴滴的25款App下架
腾讯	2021年7月24日	收购中国音乐集团后，可能控制版权，排除竞争	国家市场监督管理总局处以罚款50万元，且要求腾讯不得与上游版权方形成独家版权协议
美团	2021年10月8日	滥用网络餐饮外卖平台支配地位，对商家实施"二选一"的行为	国家市场监督管理总局责令美团停止违法行为，退还商家保证金12.89亿元，并处罚款4.42亿元

资料来源：国家市场监督管理总局官网，穆胜企业管理咨询事务所。

互联网企业红利的消失，带来的不仅是它们自身的降速，更会导致依赖互联网的生态伙伴也在某种程度上失去红利空间。"黑暗维度"的消失，带来的是全局性的影响，挑战的是以互联网企业为中心的群体蒙眼狂奔的逻辑。

危机四伏的组织管理

"黑暗维度"消失前，享受互联网红利而"银弹"⊖护体，组织管理似乎也变得异常容易。一个简单的期权或股权激励，就可以让员工分享企业成长的红利，打造若干造富神话，让后来者心驰神往，服从于老板的权威。再加上一点价值观口号，团队看上去绝对精气神十足。职级体系、绩效考核、赋能机制等组织管理设计的合理性，不存在的。说白了，组织建设上的所有失误，几乎都可以用钱来解决。

但如果按照前面的分析，这类企业的利润将急速下降，上述逻辑显然不再

⊖ "银弹"，比喻极为有效的解决方法，作为"撒手锏"的代称。

成立。那么，又会发生什么呢？

首先，员工薪酬增长会出现降速甚至负增长，从而引发一系列组织问题。如果人数基本不变，经营业绩下降，以人数为口径的人力资源效能指标（如人均营收、人均毛利、人均利润等）就会降低。这类人效代表个人创造的单位价值的提升，是持续加薪的重要支撑。换句话说，没有老板会在员工创造单位价值下降时付出更多的激励。如果我们认可这个原理，那么，互联网公司未来的持续加薪大概率不会继续。而后，组织上的各类问题就会最大限度地被暴露出来，制度的问题就会被无限放大。这好像一辆自行车，快速往前骑时看不出任何问题，一旦减速就会东倒西歪。

其次，如果员工失去了"打鸡血"的状态，绩效水平就有可能大幅下降。这是"人多事少"的必然结果，为了维持自己的位置，员工会竭尽所能地表演，投入若干没有产出的事情，导致企业绩效水平以"温水煮青蛙"的方式下降。其实，当"黑暗维度"消失后，获取绩效的难度本来就大大增加了，假设原来一分的投入可以赚取五分的利润，现在可能就只能赚取三分的利润了。如果员工大面积地努力划水式表演，则可能导致这种效能进一步降低。

最后，绩效水平下降，会进一步导致员工薪酬增长降速，组织问题也就会进一步暴露。老板是会算账的，再多的表演，如果最后没有形成利润，就都是浮云。说白了，人均利润如果往下走，企业最终会降薪或裁员。

上述观点很容易引来反驳，毕竟就当前的数据来看，互联网企业的人均利润并没有整体下降。在互联网大厂中，阿里巴巴下降明显，腾讯基本保持不变（见图2-2）。所以，尽管这些互联网大厂股价一时受挫，但以高薪酬来掩盖组织问题的逻辑似乎可以继续成立。

图 2-2　腾讯和阿里巴巴的人均利润变化趋势（2016～2020 年）

资料来源：腾讯、阿里巴巴的财报，穆胜企业管理咨询事务所。

但是，利润只是最后的结果，如果我们以 GMV（gross merchandise volume，网站成交额）或营收作为标准，情况似乎就不那么乐观，腾讯和阿里巴巴的人均 GMV/ 营收都在下降（见图 2-3）。另外，**我们不妨再考虑一个穆胜企业管理咨询事务所定义的指标——边际经营业绩（以人为口径），简单说，就是每追加一个人，能够带来多少的 GMV/ 营收。具体公式如下：**

$$边际经营业绩（以人为口径）= \frac{GMV_t - GMV_{t-1}}{人数_t - 人数_{t-1}}$$

可以说，这个指标更灵敏地显示了人效的变化趋势，而人效与财效又有同向变动的关系，这显然强烈地预示了企业未来的财务表现。如图 2-3 所示，腾讯和阿里巴巴的边际经营业绩（以人为口径）曲线都呈现下降趋势，且处于人均 GMV/ 营收曲线下方，拖低人效的趋势明显。

其实，以 GMV 口径观察的互联网大厂的人效走势，基本没有考虑"黑暗维度"消失的影响，毕竟国家层面的规制集中发生于近几个月，尚未体现在上述数据里。但我们预设的降薪已经发生了，2019 年，腾讯人均年薪 84.5 万元，而到了2020年，这个数据下降为81.4万元，降幅4%。[⊖]如果考虑"黑暗维度"消失的影响，这种形势还会更严峻。理性来看，未来的趋势已经很明显了。

a) 腾讯　　　　　　　　　　　b) 阿里巴巴

图2-3　腾讯和阿里巴巴的边际经营业绩（以人为口径）和人效变化趋势（2016～2020年）

资料来源：腾讯、阿里巴巴的财报，穆胜企业管理咨询事务所。

是时候拥抱组织转型了

总之，大企业病、管理双杀效应、超级不确定性这些推动组织转型的驱动因素，在互联网企业里并不是没有发生，而是被它们的利润遮住了。

当前，这种恐怖故事正在逐渐变为现实：一种不可能抵御的超级不确定性（政策调控）导致"黑暗维度"消失，激活了管理双杀效应，导致大企业病的负面效应被引爆，让组织管理面临巨大压力。说到底，管理双杀效应的规律并不是没有发生，而是需要利润被下压到一定的程度，才会被触发。

⊖ 数据来自腾讯2019年和2020年的财报。

要扭转上述局面，只有两条路可走：**一是商业模式创新**，创造出一个新的庞大增量空间，这个难度不小，流量红利枯竭等数据足以证明；**二是组织模式创新**，释放个体与组织的"潜能"，让企业在停滞或缩量的市场空间里能够灵活作战，（比对手）更快地把机会变成结果，继续成为王者，这是肉眼可见的机会。

走向组织转型的长征路，可能是过惯了好日子的互联网企业当下唯一的选择，甚至也是那些沐浴互联网红利、过惯了好日子的企业当下唯一的选择。其实，成为"被动的变革者"也没有什么不好，谁先被点醒，谁就依然可能是胜者。

第三章

大势，走向共同富裕

在任何一个时代做生意，都不应该仅仅考虑生意本身的成败。生意在社会环境里发生，社会里各个利益相关者的诉求都应该被充分考虑。一个基业长青的生意，必然是在各个利益相关者的诉求里寻找到了最优解。中国企业在互联网浪潮下，由互联网公司牵头带动，经过了蒙眼狂奔的几年。如今，它们不得不重视"共同富裕"这个价值导向。

所谓分配，往大了说，是社会的分配逻辑；往小了说，是组织的分配逻辑，也就是组织伦理。**其实，社会分配的逻辑也是组织分配逻辑向外的延伸。为了匹配这种价值导向，曾经被"高高举起又轻轻放下"的组织转型是必然选择。**

"共同富裕"的背后

互联网技术带来了商业机会，嗅觉灵敏的资本迅速涌入各个赛道，推动创业公司大干快上形成巨头，这本来就是经济规律使然。但这种经济形势中的分配，能不能实现"共同富裕"呢？

分配，无非是"做蛋糕"和"分蛋糕"两个问题。

先说"做蛋糕"，现有的模式似乎遭遇到了困难。从发展动能的角度看，政策导向由服务业转移到制造业（尤其是硬科技）已经是不争的事实。在内循环的背景下，建设完备的工业体系已经是当务之急。

在政策调控的影响下，互联网行业遭遇到了前所未有的增长压力。除了政策因素外，互联网产业发展至今，其流量红利也在消失。典型证据是，三大电商的流量成本飞速上涨。从2020财年的数据来看，阿里巴巴和京东的获客成本5年间分别上涨了4.29倍和2.48倍；拼多多更为夸张，获客成本3年间上涨了29.51倍。

更重要的是"分蛋糕"，现有的模式似乎也没有分好。过去，以互联网为首的龙头企业的发展的确带来了部分人群收入的提升。但互联网企业的分配模式也带来了"996"、大小周、社保费用缴纳瑕疵、蓝领工人收入偏低等一系列问题，让员工的幸福感大大降低。

这些问题集中反映在组织管理的粗放性上。最典型的表现是，企业认为自己有钱，拿钱买员工的时间，实行大小周和"996"；员工默认了出让自己的时间可以赚钱。如此一来，人力资源（尤其是高端人力资源）作为重要的生产要素，没有办法以绩效产出来享受产业红利，便逐渐成为卖单位时间的低端生产要素，贫富差距必然持续拉大。

除此之外，以互联网企业为首的红利行业人效下降，也必然导致分配降速。以四大一线互联网公司BATM来看，剔除未上市的字节跳动，其余三大互联网公司人均GMV持续下降，趋势丝毫未减。

无论是"做蛋糕"还是"分蛋糕",原来沐浴红利的行业都遇到了问题,显然很难以现有模式实现"共同富裕"。企业可能觉得这是自己的自治范畴,但国家关心的是人民的整体福利。

被遗弃的组织管理

企业通过自身的组织管理做好"分蛋糕"是分内之事。从逻辑上讲,通过挖掘组织管理的红利来获取绩效"做蛋糕",也顺理成章。但问题是,在过去很长一段时间的互联网经济浪潮中,为何重视组织管理的企业寥寥可数呢?

其实,在资本推动的几年里,组织管理一直是被忽略的存在。企业更希望通过商业模式上的巧思获得成功,这样见效快、空间大。至于实在绕不过去的组织管理,则臆想出了一种"简单直接"的解决方案。

具体来说,找一个在这波经济浪潮里有前景的赛道创业,提倡团队的每个人全力创造,在资本和舆论的双重加持下,短时间内推动公司上市。这样一来,员工既实现了自己的人生价值,也获得了丰厚的股权、期权回报。在这种简单的逻辑下,一种反智主义的"去管理化"被奉为圭臬,如上班不用打卡、不穿工作服、不要 KPI……

这种主张符合各方面的诉求。资本天然忽略管理,最好投资一个不过多依赖团队就能做成功的项目。而且,风险资本以退出为目的,自然需要快速见效。一些创业者天然喜欢走捷径,他们的"企业家才能"让他们对商机极度敏感,但又容易发展为"机会主义",导致重视经营,却在管理上找"特效药"。一些媒体天然喜欢猎奇,喜欢追逐新概念,喜欢反常识的企业样本,往往在企业的诱导下,将一个个业绩亮眼的企业吹捧为管理出色,甚至标榜为在组织模式方面独树一帜。

所以，在过去几年里，尽管商学两界对组织管理的热议从来没有降温，结论也高度一致，但大家议论的可能不是同一个事情。尽管"去中心化""去权威化""自组织""试错"等管理大词已经成为共识的组织趋势，但其显然代表了两种不同的诉求和思考深度：一种是基于短期诉求玩文案的，占 95% 以上；另一种是基于长期诉求关注方案的，不到 5%（见图 3-1）。

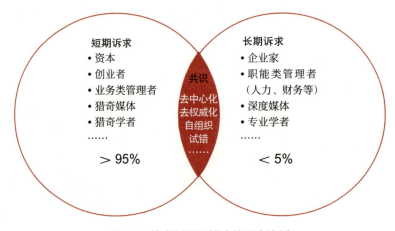

图 3-1 推崇新组织模式的两个流派

资料来源：穆胜企业管理咨询事务所。

所以，在互联网经济浪潮中，组织管理依然会是弃儿。这就形成了一个颇为搞笑的结果：管理大词满天飞，HR 却逐渐失去价值感，工作无从下手；老板对人力资源工作强烈不满，却从来没有下决心投入。

分配的帕累托改进

在组织模式上实现创新突破，是可遇而不可求的；踏踏实实做好组织管理的基本功，并不丢人。

这些不是关键，关键是老板对员工的态度。如果老板把员工当作创客、合伙人、企业家，他们一定会花大力气去量化他们的价值创造，并进行精确的价值分配；如果老板把员工当作"工具"，对衡量价值创造和进行价值分配这类组织管理工作就一定不会重视。

这道选择题还得看老板的行动。在长期的实践观察中，**我有一个相对准确的标准——老板是否愿意为了突破业绩而付出"超额激励"**。

最理想状态是，随着业绩的增长，企业的单位激励成本下降。这样一来，不仅是老板的蛋糕越来越大，其增速也比员工的蛋糕增速快。

举例来说，原来做出 10 万元利润，老板分 90%（即 9 万元），员工分 10%（即 1 万元），老板相当于用 1 万元的激励换取了 10 万元的利润。现在做出 100 万元利润，老板分 95%，即 95 万元，员工分 5%，也有 5 万元。老板相当于用 5 万元的激励换取了 100 万元的利润，换算过来，同样 1 万元的激励换取了 20 万元的利润，效率是原来的两倍。⊖ 这种状态，没有一个老板会反对，员工也不会有太大意见，因为工资也在涨。但现实中，这种理想状态大概率是不可能出现的。

业绩越往高处走，难度越大，哪有那么多的业绩增量空间？如果有，也仅仅是产业红利带来的，产业生命周期规律一定会夺走这部分空间。因此，要激

⊖ 这实际上是以人工成本为口径的人效指标。在我的《人力资源效能》一书中曾经进行过解释，以人工成本为口径的人效指标适合成熟、稳定、标准化的业务，而以人数为口径的人效指标适合初生、非稳定、创意型的业务。后面我主张要增加单位激励成本，尽管这会导致这里以人工成本为口径的人效指标下降，但我们应该用以人数为口径的人效指标来衡量前景光明的成长型企业；或者说，前者的下降会导致后者的上升，这正是我们所期待的。

励达成高业绩，必然带来单位激励成本的增加；反之，如果不付出这类激励成本，高业绩基本没可能完成。这是所有企业的激励设计都逃不开的规律。

但其实，这对企业和老板来说，是一笔再划算不过的生意。

一是会带来马太效应。当企业进入新的经营高度时，会带来更大的发展势能，远远甩开竞争对手，在经营业绩上形成马太效应。

二是会带来市值增长。由于业绩突破，在竞争对手无法抵达的"无人区"的快速增长，给予了投资者极大的信心，显然能对推动市值提升起到积极的作用。

如果醉心于"增长"的老板认可上面的逻辑，他们就不得不回到组织管理的逻辑，显然，这符合"共同富裕"的价值导向。

冷静思考后我们会发现，仅仅做好传统的组织管理是不够的，勇敢进行组织转型才是大多企业的最优选择。要走向"共同富裕"，必然需要付出更多的人工成本。但是，没有任何一个老板愿意平白无故地支出人工成本，这其实也是在破坏市场经济的游戏规则，是不可取的。如果我们能够客观度量员工的市场价值，并通过有诚意的激励进行反馈，那么结果就是"企业发展、员工获益"的双赢。在经济学上，这是一种对双方都有利的"帕累托改进"。

"企业组织"的终极答案

转换经济发展动能无疑是"做蛋糕"的有效路径，但我坚持认为，"重视组织管理，推动组织转型"也是"做蛋糕"的有效方法。中国企业的管理基础太弱，在互联网时代又没有与时俱进进行组织转型，因此有太大的提升空间可以"做蛋糕"。而好的组织模式，本身更为"分蛋糕"给出了答案。

互联网经济浪潮后，以互联网企业为首的红利群体走向精耕细作是大势所趋，这必然会拷问它们的组织管理。其实，每家企业都有潜能，往小了说，是员工被压抑的能力和意愿，往大了说，是员工可以盘活的一切资源。试想，如果企业能够打造出一种组织模式（organization pattern），让员工能够得到更多的赋能（有能力干）和激励（有意愿干），让他们释放出自己的潜能以及组织的潜能，那么"做蛋糕"和"分蛋糕"就可以水到渠成。

1958年，美国经济学家路易斯·凯尔索（Louis Kelso）提出了双因素经济理论。他认为，劳动和资本两种要素共同创造了社会财富，但是随着工业化进程的加速，资本创造的社会财富已经超过由劳动创造的社会财富，社会的贫富差距进一步扩大，造成社会不安定因素增加，美国的经济发展也因此受阻。基于这种假设，他强力主张员工持股计划（employee stock ownership plans，ESOP），让员工也分享企业的发展收益。随后，两位芝加哥经济学派代表人物、诺贝尔经济学奖获得者西奥多·舒尔茨（Theodore Schultz）和加里·贝克尔（Gary Becker）也提出了相似的观点，强烈建议将人力资源视为人力资本，让其获得更高回报。

经济学家的上述设想，最后指向的解决方案都是股权激励。但是，让所有员工分享公司层面股份的"撒胡椒面"方式，已经被实践证明是低效的制度安排。

企业需要一种全新的组织模式。在这种组织模式里，员工在平台的支撑下创造远高于"打工仔"水平的绩效，也得到近似于外部创业的激励反馈，真正为公司贡献了企业家才能，也实现了自我价值。而企业也在无数"创业者"的支持下，走向了更高的经营水平，老板的企业家才能在更高的水平上得到发挥。

第四章

真有那么多组织转型吗

　　大企业病的威胁、"黑暗维度"消失、共同富裕大势，都将企业推向了组织转型。事实上，随着互联网经济浪潮的兴起，对于这方面的关注一直就没有冷却过。

　　无论企业将自己追求的新组织模式命名为什么，它们的目的都是要组织变得更轻、更快、更强。工业经济时代，这种组织升级的要求用健康的金字塔组织即可达成；互联网和数字化时代，这类组织升级的极致要求，必然需要在组织模式上改天换地。

　　相对于这样的时代需求，在实践中，真正进行组织转型的企业却寥寥可数。众声喧哗之下，更多是形式大于实际的假动作，甚至有的企业为此掉入了"组织转型陷阱"。

组织转型的众声喧哗

2010年前，我就注意到了组织转型的趋势，并投身其中做了大量研究。其间，我和穆胜企业管理咨询事务所的研究团队几乎收集全了国内外的案例。就国内企业来说，大一点的企业几乎都自称有一套独特的组织模式，而国外企业，包括Zappos、Morning Star、Supercell、戈尔、塞氏、Cemex、Hubspot等企业，也在主张组织转型。

最初，每个案例的出现都让我们眼前一亮，让我们以为发现了新物种。但仔细研究后发现，这些所谓的组织转型中水分不少，实际上并没有那么多的新物种。

公正来看，这些"创新"分为以下两类。

一类是碎片化的局部实践。这些实践虽然并没有打通体系，但至少在尝试跳出传统的组织模式，进行局部创新。

以国内的互联网大厂为例，其若干实践还是推动了组织转型趋势的。它们钱袋满满，经得起折腾，也留下了宝贵的经验。例如，以灵活的项目制实现协作，一定程度上打破了部门和层级的限制；又如，将股权和期权激励变成一种长期化的激励机制，一定程度上让员工和公司同呼吸、共命运，局部激发了创业精神；再如，快速抓取一线优秀实践进行知识沉淀，而后又高效地进行知识分发（甚至以信息流的模式）……

以国外的标杆企业为例，其局部尝试也有创新之举。例如，巴西塞氏企业的风险工资，让员工与企业共同劣后⊖；再如，全食超市用投入产出比而非利润

⊖ 金融术语，"劣后"对应的是"优先"。项目发生亏损时，先清算离开获得权益保障的是"优先"，最后退出承担最大的风险的是"劣后"。

联动奖金……

我们不能说这些实践解决了组织的问题，但至少拓展了理论和实践的边界，都是值得尊重的。

相比起来，另一类实践更多是企业对于组织敏捷的倡导，加上了一些基础管理工具，包装了一些大词催动的潮流，这些可能就是"假动作"。 这个就有点无聊了，耗时耗力，原地比画。互联网商业世界发展至今，管理水平并没有太大进步，文案水平却飞速成长！更有意思的是，很多"假动作"最开始都属于前一类有意义的尝试，但在试错失败之后却没有及时纠正，还埋着头继续向前走，为了支撑这种错误的逻辑而生造出了"大词"。

举例来说，合弄制就是一个被尝试失败的组织模式，就连谢家华本人也曾经表示，"合弄制中有些内容是好的，但有些的确不太适合 Zappos"。国内涉足这一模式的咨询机构、学者和媒体，只要稍微看看国外的资料，就可以得到这类信息。但我们看到的是，人们大谈合弄制的优越性，对这些问题却避而不谈，这难道不是对企业的误导吗？国外企业有意义的试错，被引入国内后变成了大量企业的"假动作"，难道不应该引起反思吗？

如果放任很多"大词"创新愈演愈烈，整个业界将变得越来越形式化；如果放任"假动作"混淆视听，有意走向组织转型的企业就会掉入坑中，浪费大量转型成本。

2015 年以后，越来越多的企业开始做组织转型，到了现在，组织创新的成果似乎也成了所有企业的标配。那么问题来了，为什么会冒出这么多组织转型呢？

这就让我想起一个例子。2020 年，据宾利汽车中国统计，新款宾利 2020 年出货量为 1896 台。但据抖音统计，2020 年在抖音上宣布自己购买宾利汽车的人有 6 万多。另外，我们不要忘了，快手和小红书上还有几万"宾利新用户"。说到底，众声喧哗之下，都是"假动作"。

组织转型的四大潮流

总结起来，当前企业在组织转型过程中的"假动作"主要有四类。

一是以为重画组织机构图就是组织转型

大家重画组织机构图的逻辑如出一辙，就是把销售等利润中心变成前台，把研发、采购等成本中心变成中台，把人、财、法等费用中心变成后台。说穿了，就是把原有的组织机构图上下倒过来。迄今为止，我已经见过不下十余幅这样的图，让人哭笑不得。

这样所谓的组织结构调整究竟带来了什么变化，不妨问四个问题：第一，部门岗位职责变了吗？第二，汇报线变了吗？第三，流程变了吗？第四，KPI 变了吗？如果这四样东西没有变化，那请问，重画组织机构图是为了什么呢？

实际上，这种"假动作"里唯一变化的就是部门的定位，懂组织与懂人力的人都明白一个基本原理——定位不落到职责上，就和空口号没有区别。再说直白点，即使定位落到职责上，汇报线、流程和 KPI 不变，也是枉然。组织的惯性太强了，现有的运作格局背后就是利益分配，稍微调整一下就会让人坐不住，无数的力量会反扑。与其如此，大家还不如一切照旧，这种稳态是有原因的。

二是以为闭着眼睛授权就是组织转型

好多老板被外部的诸多口号所蛊惑，以为自己就是公司最大的瓶颈，以为放权才能做好企业。一个朋友还讲了个他身边的笑话，说是有个老板得了抑郁症，不得已离开岗位去修养身体，一年之后回来，没想到企业业绩已经翻了几倍。这种是个案，所有要素都凑巧了，才有这种奇观，大可不必放大化。

老板们的焦虑可以理解，否定自己也是一种自谦，值得尊重。但矫枉过正却要不得，至少不应该被颠覆掉常识。一个组织，是成员协同完成目标的机构，必然有人发声来指挥，而指挥不到的地方就需要授权。顶层指挥的意义首先就不能否定掉，脱离了这个属性，就不是组织了。现实中，有胆大的老板无限授权，最后的结果其实都不是很好。

进一步看，即使增加授权也需要在规则之内，这样才能降低风险，确保最大产出。越大的授权，越需要强力的控制系统，这个方面是遵循能量守恒的。只不过，这种控制系统是润物细无声的，是几乎感觉不到的，这就需要制度设计得有一定水平。

总之，授权不单纯是一种胸怀，还是一种胸怀基础上的技术。如果授权仅仅是一种胸怀，如果授权就可以做好企业，那么，放手不就行了？事实上，很多老板是缺乏思考，管不好企业，才用授权作为遮羞布的。

三是以为发动民间智慧，寻找"街头创新"就是组织转型

不少企业搞过一些形式欢乐的创新大会，冠以各种很炫酷的名称。说白了，就是让员工贡献各种创意，再给一定的权限和资源，让员工带着创意去落地，如果做得不错，还有一笔奖金。其实，除去文案上的创新，这种形式并不

新鲜，在一些企业里这个叫"合理化建议"，沿袭多年了。

这种做法的问题在于，如果没有在组织结构和激励机制等方面的设计，所有创新基本上都只会在非主赛道上发生，因为主赛道的资源你撼动不了。这种情况下，即使项目做成了，如何激励？无非是发放一些项目奖金。那么发多少呢？由于没有在主赛道上创造市场价值，发多了老板觉得不划算，发少了员工觉得没诚意。所以，大多企业里，做几次基本就偃旗息鼓了。相比起来，一些企业的合理化建议活动却一直都在做。原因很简单，人家知道这个活动创造的价值有限，有理性预期。

四是以为上文案、喊口号就是组织转型

很多企业特别喜欢喊口号，而且是落不了地的口号，如呼唤无边界协作、创业精神、自主管理、先开枪后瞄准等。其实，口号频出无非是把管理简单化，希望吃特效药、走捷径。更有甚者，凡是有个企业用反常识的"去管理化"做出亮眼业绩，它们就奉为标杆，用这些标杆来给自己的无管理、弱管理壮胆。例如，一份《奈飞文化手册》让整个中国企业界惊为天人，高呼对标。不少老板把这些业绩彪炳的"去管理化企业"读成了"网络爽文"。

大家要记住，好的组织模式不会来自离钱特别近的企业。在这类企业里观察到的所谓"标杆组织模式"，可能是伪因果关系，因为业绩好，你才会觉得它们的组织模式也特别好。

组织转型的三大陷阱

上述若干"假动作"，让企业"一顿操作猛如虎，定睛一看原地杵"，不仅浪费了资源，还浪费了时间，更浪费了组织的士气。

深究起来，这些"假动作"背后，是企业老板对于组织转型的几个过于"浪漫"的错误理念。说到底，最可怕的并不是做上述"假动作"，而是系统地实践那些错误理念，在组织转型上掉入陷阱。

第一类思路是个体激励，认为激活个人就是激活组织，于是设计各种激励方案来让员工"动起来"，具体表现有几种。

- **无限细化绩效**。好多老板都在幻想这样一种状态，即最好全公司都实现数字化，把每个人都变成快递小哥，白天干活，晚上就能数钱。要达到这种状态，一方面需要企业实现完全的数字化，否则根本没有数据来核定绩效；另一方面需要流程实现完全的标准化，否则定价成本会奇高。显然，这很难实现，这种想法是幼稚的。

- **全员股权激励**。有的老板上上下下都给股权，号称要把公司变成大家的。股权只能给小部分创造最大价值的人，全员股权激励肯定是个错误。大家要清醒一下，如果全员股权激励能成功，那么股权众筹早就成功了。有人拿华为举例子，我认为，华为的成功并不是股权激励的成功，而是它在IPD、ISC、IFS等组织模式层面上下了苦功夫。它的股权激励工具TUP，也是改造之后的一种类股权激励。就算如此，它几年前也大量降低了TUP分享的额度，而把钱发给项目里那些做事的人。

- **任务积分制**。有的老板幻想事无巨细地计量员工的工作任务，把任务变成积分，根据积分来发放激励。但这就面临一个"货币超发"的问题，如果员工都为自己加戏，扑到一些并不产生经营价值的任务上（相当于发行了过量货币），就会造成任务越做越多，企业的利润却未变，甚至更少。如此一来，企业的激励成本就被锁死，每个任务量能换到的激励自然也越来越少（相当于货币贬值）。真正创造价值的员工，其积极性自然大受打击，而那些滥竽充数的员工，却可以用各类热闹的"假任务"来换取激励，戏也越演越多。这样的企业，会有战斗力吗？

◎ **悬赏英雄模式**。这也是大多老板的一个定向思维，他们发现了市场机会，于是设定目标，高额悬赏，期待英雄辈出。但大家不妨想想，如果一个英雄在公司的高额悬赏之下凭借一己之勇气获得了成功，这意味着什么？我认为，这是他个人的成功，却是公司的失败。公司投入试错成本，让他相信了自己不用借助公司的太多支持，就能把一个事业做成。公司送他一个机会，他回头就可能送公司一个离职，人家不和你一起玩了。但他这样做也可以理解，毕竟公司的体系并没有为他提供增量嘛！

第二类思路是想要把市场力量引入内部，认为只有真金白银的交易才能传递市场压力，于是设计了各种形式的内部交易，具体表现有几种。

◎ **内部交易模式**。研、产、销等部门进行上下游交易，要求按照"下道工序就是用户"的标准进行交付。最典型的是阿米巴模式，1998年前后，海尔也尝试过类似的实践，叫"内部市场链"。但一句话就可以捅破这种模式的漏洞，经济学原理告诉我们，当市场只有一个出价者和一个受价者的时候，价格是说不清的。在说不清价格的情况下，阿米巴之间反而会形成更厚的墙。

◎ **大中台模式**。这是近几年新兴的一种趋势，不少企业希望建设大中台，打造资源超市，让前台随需调用。如果中台向前台输送的补给能够标准化，那么定价也不是难题。基于这种交易关系，前台在市场的压力之下会拉动中台，市场力量就传递了进来。但根据我们的观察，这也是不靠谱的，首先建设资源超市的难度太大，而且大中台不可能为小前台做出改变，于是，它们反而成了更大的官僚。

第三类思路是以情怀替代制度，企业家以己度人，想要让每个人都拥有创业精神，具体表现为以下两种。

- **价值观考核**。这几乎是所有老板内心都会保持的一种执着，他们模仿巨头企业的做法，希望通过价值观行为化，行为分级化，来实现考核。但他们也不妨去这类企业里看看，这种考核会导致什么样的结果。这种考核方法叫"行为锚定法"，只要进行过这种考核模式的人都知道，这种考核不会形成区分度。两个周期的考核之后，考核成绩的分布就会平均化，大家的行为都会稳稳地停留在60分，于是这部分考核的权重就失去了意义。价值观肯定非常重要，但不应该用这样的方式来应用。
- **寻找街头创新**。这个在前面已经讲过了，各种冠以炫酷名词的创新大会。说白了，就是让员工贡献各种创意，再给一定的权限和资源，让员工带着创意去落地，如果做得不错，还有一笔奖金。但创新基本上都只会在非主赛道上发生，因为主赛道的资源你撼动不了，激励自然也不会到位，于是，最后的结果是不了了之。其实，这些遗憾也是表象，街头创新走不通的深层原因是，老板将创业项目的成功看得太简单了。大部分创新都是从企业内部长出来的，但这些创新要达到商业上的成功，还需要大量的周边支撑，如严谨的商业计划框架、有针对性的激励机制和赋能机制。用碰运气的方式来做内部创业孵化，失败是必然的。

从以上误区中，我总结了三个识别组织转型真伪的三大定律。

- **定律1**：不应把企业"原子化"，应该在激活系统的前提下激活个体。只要穿透系统直接谈个体激励的，就都是伪命题。

- ◎ **定律 2**：不应进行串联，而应进行并联，共同面对用户。只要以交易形式进行"内部市场化"的，就都是乌托邦。
- ◎ **定律 3**：情怀不能替代制度设计，凡是需要用情怀来弥补漏洞的制度，都是无效制度。好的制度应该可以让"坏"的人变"好"。

按照上述定律，尽管组织转型已经成为潮流，但真正走在正确道路上的企业，依然是凤毛麟角。

附录 1

什么样的企业会选择组织转型

近年来,组织转型似乎越来越热,不仅是铺天盖地的新概念、新实践、新案例,大大小小的企业似乎也都对自己的组织模式不满,希望变得更轻、更快、更强。

另一个有意思的现象是,口号之外真正扎根系统做组织转型的企业并不多,愿意引入外部智囊来指导自己做组织转型的企业则更少。如果以投入成本来衡量决心的话,大多企业的决心似乎又没那么大。

这是怎么回事呢?组织转型究竟是企业的"真需求"还是"假口号"?哪些企业才真的需要组织转型?2021年5月,穆胜企业管理咨询事务所在调研642家企业后,发布了《2021中国企业平台型组织建设研究报告》,其中一部分内容针对这一问题给出了答案。

六个角度分析组织转型动因

在调研之前,我们的假设是:**大企业病的严重程度决定组织转型的需求程度**。大企业病是随着企业的发展而滋生的,所以我们进一步假设:**企业所在行业的成熟度、所处的生命周期阶段、资本属性、营收规模、利润规模、人数规模六大要素会对组织转型的需求产生影响**。

通过642个企业样本的调研,我们发现企业所在行业的成熟度、所处的生命周期阶段、资本属性、营收规模这四个要素对企业的组织转型需求几乎没有带来变化(见图1A-1)。

图1A-1 六大组织转型动因验证

注:划线部分为没有成立的假设。
资料来源:穆胜企业管理咨询事务所的《2021中国企业平台型组织建设研究报告》。

举例来说,我们原以为处于成熟行业的企业更加标准化,自然需要组织转型。但数据却不是这样反馈的,成熟行业有83.2%的企业需要转型,不成熟行业更是有92.3%的企业需要转型,都很高,与我们所认为的相反。

再如，我们原以为处于生命周期后期的企业会陷入"内卷"，在外部增长乏力的情况下，自然需要组织转型。但数据又非我们所想，企业在生命周期不同阶段都有转型需求，需求占比在29.7%～40%，没有明显波动。

最有意思的是，我还在朋友圈做过一个调研，央企、国企、民企、外企中，哪类企业最有组织转型需求？90%以上的朋友的回复是民企最有转型的需求。结果呢？数据显示，82.1%的民企有转型诉求，但同时92.3%的央企和87.1%的国企有转型诉求。

两个维度看转型迫切意愿

总之，以上面这四个要素为口径，企业的组织转型需求曲线都很平滑，我们总结不出特别的规律。相比之下，人数和利润规模对于转型需求的影响更大（见图1A-2）。

有意思的是，这种影响也没有形成一致性的规律。什么叫一致性规律呢？比如，如果转型需求随着人数或利润规模的增加而增加，形成一条从左下角到右上角的曲线，那我们就可以说，人数或利润越大，企业越需要转型。

实际的数据反馈，随着人数或利润的增加，转型需求只是呈现出波动状态，阶段性上升，很快又会下降。坦白讲，这和我们观察到的老板们的需求状态如出一辙。经常有人很急切地找到穆胜企业管理咨询事务所，说想要做组织转型，商务人员和他们接触上后，双方聊得热火朝天，但对方很快又没了踪影。这又是怎么回事呢？怎么一会儿要做组织转型，一会儿又不做了呢？是在戏弄自己，还是在戏弄自己的员工，或者是在戏弄我们咨询机构？

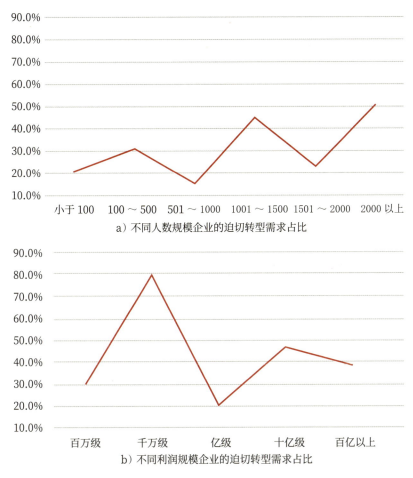

图 1A-2 人数和利润规模对组织转型需求的影响

资料来源：穆胜企业管理咨询事务所的《2021 中国企业平台型组织建设研究报告》。

接触这类企业久了，我很快搞明白了其中的原因。这部分老板是想把组织转型当作发展中的"解药"之一，希望借此突破管理和经营的瓶颈。但管理显然是个慢变量，见效没那么快，而且过程中投入巨大，很容易被抛弃。所以，老板们对于组织转型方面的诉求来得快，去得也快。

通常，老板们一遇到问题就往组织方面的问题上强行下结论，因为这样的结论很有力——所有的事不行，都是人不行嘛！是我的组织不行，是我的人才不行，不是我的战略不行，不是我不行。这种结论很廉价，所以，他们要做组织转型的话音还未落，马上又跑去做大客户销售去了。

这种行为模式下，还产生了管理的反智主义——"业绩好了，啥都是管理，业绩不好，管理就啥也不是！"这种不连续的需求，正是问题所在。看看华为、海尔这样的常青树，哪个不是一步一个脚印打造出强悍组织的？难道就你的企业牛，两三个月就能把组织转型做好了？

大企业病和组织转型有关系吗

说到这里，我们要回忆一下之前的一个结论。我说大企业病是企业做组织转型的根本原因，因为没有大企业病就没有管理双杀效应，也没有面对不确定性时的脆弱。这个结论是从逻辑上推出来的，但现实中的企业已经把组织转型"贱化"，它们选择组织转型，真的就是因为大企业病的压力吗？

还是回到数据上，还是从人数和利润两个维度看，企业对大企业病的感知呈现抛物线形（虽然事实并非如此），显然与它们转型需求的波浪形状没有太大关联。换句话说，转型需求与大企业病之间没有太多直接联系（见图1A-3）。

图4A-3中曲线揭示了企业对大企业病的感知：在企业发展初期，大企业病并不明显；在发展过程中，大企业病达到顶峰；当企业发展到一定阶段后，大企业病的感知开始削弱（并非实际减弱）。这里需要先解释一个问题，为什么企业对大企业病的感知能力会随着员工人数与利润规模的增加而减弱。

我们推测有几个原因：一是因为大型企业管理基础较好，能够抵消一部分大企业病;二是因为身处大企业的人已经将大企业病视为一种必然,见怪不怪,感知降低;三是因为业绩高速增长,掩盖了问题。说到底,这些企业有大企业的"病",但更有大企业的"命"。

进一步分析数据可以发现,随着大企业病感知的增加,企业转型的诉求并没有更加迫切,反而是大企业病程度较低的企业更有转型诉求。这再次击穿了"企业因为感觉到大企业病的压力而转型"的推断,至少大多数企业并没有遵循这种决策逻辑。

图 1A-3　不同人数和利润规模的企业对大企业病的感知

资料来源:穆胜企业管理咨询事务所的《2021 中国企业平台型组织建设研究报告》。

结合前面的推断，提出组织转型需求的企业更多可能是看重这种组织模式带来的立竿见影的效果。显然，这些诉求含金量并不高，正因为他们并不理解组织转型的意义（产出）和难度（投入），才会浅尝辄止。大家想想，老板们可能就没想清楚为什么要做组织转型，但他们会天天喊，这个时候，你不呼应几句行吗？难道不和老板步调一致？很多时候，那些找到我们说企业要做组织转型的人，还根本没有理解老板的想法。这相当于，老板找了块沙地，你修了个沙屋，最后风一吹，留下一堆沙，什么也不是……在组织转型领域，真的是"外行看热闹，内行看门道"。

什么企业真正会做组织转型

说了这么多，我们不妨回到这个问题：什么企业真正会做组织转型？我想，回答了这个问题，老板可以自我审视，看看自己是不是有真需求；高管和HR对老板的口号会有自己的判断，更方便布局自己的工作；咨询界的同人们也可以不浪费商务力量了。

为了结束这个问题，我们做了两方面调整：一方面是收窄了统计转型需求的口径，我们仅仅把"诉求很高"作为真诉求，剔除了"诉求较高"；另一方面是在更多的要素里寻找规律，看是不是有要素会对转型需求产生决定性影响。

几经折腾，我们发现两个变量——战略认知水平和人效水平（见图1A-4）。

我们发现，样本企业在这两个口径的计量里，都出现了需求的突然跃升。具体来说，相对战略清晰的企业，战略很清晰的企业中"诉求很高"的占比明显突出，高出28.8%。相对较高人效的企业，高人效的企业中"诉求很高"的占比明显突出，高出27.4%。是巧合吗？两个增量数据居然差不多！

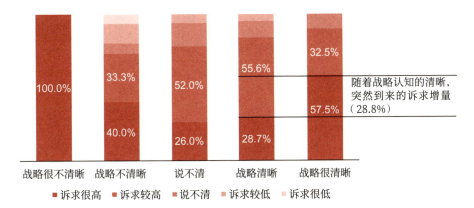

a）不同战略认知水平的组织的转型诉求

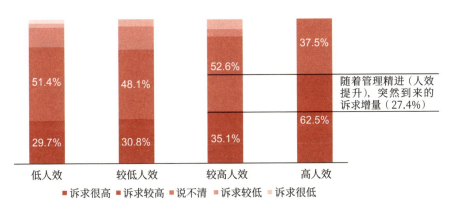

b）不同人效水平的组织的转型诉求

图1A-4　不同战略认知水平和人效水平的组织的转型诉求

资料来源：穆胜企业管理咨询事务所的《2021中国企业平台型组织建设研究报告》。

这说明，对于组织转型的理解可能有一层关隘，一旦实现了战略认知和管理水平上（表现为获得了高人效）的突破，企业就会突然想清楚自己在组织转型上要什么。

这些企业属于高端玩家，它们的思考自然不同。

一方面，它们对于战略再明确不过，而不像有的企业，想不清楚战略，企业自然艰难前行，却把问题甩锅给组织、人才或执行力。有了明确的战略，组织如何建设自然一目了然，它们也会相信在组织转型上走过的每一步都没有浪费。

另一方面，它们进行过正规的组织管理，尝试过流程再造、KPI等正规管理工具，已经通过传统方式将效率提升到极致了，自然会发现组织转型才是正途。有了这种认知，它们才不会随便被一个管理流派拖偏了，今天搞全员股权，明天搞文化重塑，后天做全员带教……

说到这里，我的观点再明白不过，**组织转型的决策是老板下的**，要判断企业是否有真正的组织转型需求，只有一个标准：老板是否有战略和管理方面的高水平认知。其他的标准，都没用。

中 篇

平台型组织的建设标准

在互联网和数字化时代，组织转型的方向一定是走向平台型组织（platform-based organization），实际上就是"在公司里面做公司"。如果我们确认"公司"是最有竞争力的组织形式，那么我们只要让这种形式越多出现，组织活力自然就越大。

企业里的任何组织模块，一旦符合灵活聚散、共同劣后和用户付薪的三个标准，就可以被认为是"公司"。向平台型组织转型，实际上就是将企业打造为平台，足以分形（裂变）出这类"公司"。这种分形可以是无限的，公司可以分形出公司，分形出来的公司又可以分形出新的公司，所以，组织的终局应该是"无限分形"（infinite fractal）。

从组织能力的打造来看，平台型组织和金字塔组织的方向完全不同。平台型组织里，员工个体通过简单的联结就能够自我发挥，其组织能力的打造更强调组织模式的先进性，而不依赖于员工的个人能力。从时代的需求来看，这种组织能力应该符合"AFB 原则"，即以敏捷（agile）、柔性（flexible）和重炮（big bang）作为标准。

这个时代，"组织能力建设"和"转型平台型组织"是一个意思。只有通过打造平台型组织，才能让企业拥有更轻、更快、更强的组织能力。无论是从平台型组织模式的构成上，还是从打造组织能力的原则上看，企业都应推动三大变革：在组织结构上走向三台架构；在激励机制上走向市场化激励；在赋能机制上走向知识流赋能。这些变革绝不是在传统金字塔组织模式基础上小修小改，而是对其底层逻辑的颠覆。因为在这三大领域，金字塔组织的底层逻辑已经锁死了迭代空间。

本篇在明确三大变革方向的基础上，给出了更为精细的"平台型组织成熟度模型"。这一模型在组织结构、激励机制和赋能机制的变革上，分别给出了若干判断标准，并以金字塔组织、灵活金字塔组织、半平台型组织、平台型组织这由浅入深的四级状态界定了企业在这些标准上的变革水平。我相信，对于组织转型讨论至今，应该有这种模型让企业能够"按图施工"了。

第五章

走向平台型组织

尽管企业和老板有种种顾虑,但依然有少数先锋企业尝试进行组织转型。企业的诉求似乎很明确,它们要变得更轻、更快、更强、更有韧性。再说直观一点,它们的想法很朴素——拆掉金字塔组织,让每个组织模块甚至每个个体都能够充满动力,让每个人都是自己的 CEO。

这些诉求被学者、媒体、咨询师等群体解读为无数的新概念。每个群体提出的概念都有自己的观察角度,但显然这样的解读只会让人对于未来的组织趋势越来越雾里看花。在此,我希望抛出一个概念——平台型组织,并在这个概念框架里阐述我对组织转型的理解。

硅谷不是组织终局

随着企业规模的增长,大企业病如影随形,而且会愈演愈烈。所以,企业必然有一个规模的极限，当它们驾驭不了规模的时候，就会走向死亡。如果要跳出这种规律，企业就必须选择组织转型。

如果要转型，组织模式的终局究竟是什么？我们有什么理由认为平台型组织就是组织模式的终局？

在《平台型组织：释放个体与组织的潜能》一书中，我曾经以硅谷来比喻平台型组织，认为企业应该把自己变成硅谷，让员工变成为自己打工的创客，源源不绝地释放创意，将企业的各类资源变成商业项目。如果达到这种状态，企业就能够屏蔽大企业病的制约，它们的增长就是没有极限的。

但是，这样的比喻可能还不够有穿透力，不能让企业家感同身受。

一方面，激励的空间不同。 硅谷的魅力在于其聚集了各类优质资源，能够让以科技为内核的企业获得高增长前景。这种前景释放的激励是无穷大的，创业者自然会前赴后继。但对于普通企业来说，真的有类似的巨大前景吗？不少企业，可能更希望新组织模式激活它们某个区域、某个产品线、某个赛道，这些领域可能相当传统，甚至平平无奇。

另一方面，激励的方法和对象不同。 硅谷的科技公司以股权激励（股权、期权、虚拟股等形式）来驱动创业团队这部分少数人。对于他们来说，这种激励的前景明确、规则简单，自然能让人投入无限的创业热情。但股权激励的工具过于粗颗粒，显然无法激活创业团队以外在不同职能产生贡献的大多数人。一个残酷的现实是，硅谷里成长起来的诸多企业，在做大后，依然形成了严重的大企业病，就足以证明这一问题。现实中，大量成熟企业并非从0到1，它们的股权已经固化，很难回到创业时期那样重新规划股权。就算是成长型企业，股权激励也很难改变大企业病的趋势。

所以，在互联网经济带来红利的引诱下，在创新创业的潮流下，硅谷作为原型的确能够勾起老板们走向组织转型的欲望。但是，这种过于浪漫的比喻，显然还不够贴切。

我们不妨回到最核心的问题：如何让尽量多的员工都变成创业者（或称合伙人、小老板、创客等）？显然，如果解决了这个问题，大企业病自然会药到病除，组织和个体的潜能也自然得以释放。

过去，商学两界都有一个错误的思路，就是"横向"走，让更多的员工通过各种形式拥有公司层面的利润分享权。他们认为，这样就足以让员工成为公司的主人。但事实上，这种"撒胡椒面"式的激励设计并没有多大效果，员工的感知无非是以某种形式获得了奖金，他们并不会进入创业者的状态。此外，这还会导致"吃大锅饭"或"搭便车"的效果，占股较少者的心态大多是"天塌下来有高个子顶着"。如果这种组织模式能够成功，股权众筹早就成功了。

其实，组织模式的进化方向应该是"纵向"走，让更多的员工拥有在各自细分赛道里的利润分享权。换句话说，应该"在公司里面做公司"，并且让这种逻辑一直纵向延伸，让员工在各个层级的"公司"里面成为创业者。这就是我对组织终局的判断——无限分形（infinite fractal），如图5-1所示。

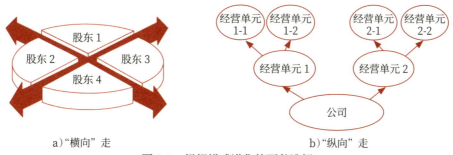

图5-1 组织模式进化的两种选择

资料来源：穆胜企业管理咨询事务所。

无限分形的平台型组织

首先谈谈"分形"(fractal)的概念。1967年,科学家曼德勃罗特(Mandelbrot)在《科学》杂志上发表论文,提出了英国海岸线在局部形态和整体形态上呈现高度相似性。直观来说,在空中拍摄的100千米长的海岸线与放大了的10千米长海岸线的两张照片,看上去十分相似。

在"分形"的理念下,数学家海里格·冯·科赫提出了著名的分形曲线——科赫曲线(又称"雪花曲线",见图5-2)。这种曲线是在一个等边三角形的每个边上三等分,以中间一段为底再画一个等边三角形,如此无限重复,就会形成一个类似雪花的形状。在这个图形中,整体是一个大雪花,而局部又是一个小雪花,一直到接近最小的局部,几乎还是一个小雪花。

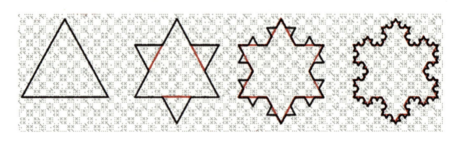

图5-2 科赫曲线

资料来源:穆胜企业管理咨询事务所。

科赫曲线产生了一个匪夷所思的悖论:尽管面积有限,总周长却无限大。这种悖论就是我想要隐喻的终极组织模式——企业资源有限,但可以无限分形,即在一个公司里面可以有无限多的公司,能够释放出无限的活力。

为了实现"无限分形",需要什么样的组织模式?

让我们先把眼光放到这种组织的局部,在企业内部"分形"出来的"公司",应该具有三大特征。

其一,灵活聚散。根据变化的市场需求,由合适的员工迅速组合成最适配的最小可行团队(minimum viable team,MVT),快速对接。有市场需求,就有MVT,而当市场需求消失,MVT就会解散。不仅如此,MVT在形成后也并非固化,而是随着市场的变化而动态优化。换句话说,在每个时间点上,一直都会有最适合的成员来组成MVT,打一场"相对最有把握的仗"。

其二,并联劣后。灵活聚散而成的MVT一定是紧密连接、动机一致、不留余力的,这里就必须有劣后条款的设置来绑定大家的利益。说俗点,就像大家一起做生意,公司不好,几个股东也都不会好。

其三,用户付薪。MVT中员工的收益来自为用户创造的价值,中间没有损耗。换句话说,不是公司用预算给员工付钱,而是员工自己从市场上赚钱;也不是公司赚到了钱再决定给员工发多少奖金,而是公司和员工一起赚钱,一起按照事先约定的方式分钱。

如何才能在企业内部"分形"出这样的"公司"呢?

其实,我们根本不用质疑员工的动机,因为没有员工是天然的对抗者,关键在于企业有什么样的制度设计。我认为,能够"无限分形"的企业应该像一个平台,平台上能长出若干像公司一样的经营单元。具体来说,这类平台应该有三层(见图5-3)。

一是资源洼地,即企业有员工能够利用的廉价优质的资源,以让创业的起点更高。

二是共享机制,即员工有机会在平台上进行创造,而且能够基于自己的贡献，获得相对外部其他平台和内部金字塔组织更为合理的回报。

三是价值理念和战略内核，即平台要有平等、自由、开放的价值理念，也要有清晰的战略内核，这两者一软一硬，定义出了平台底层的游戏规则。

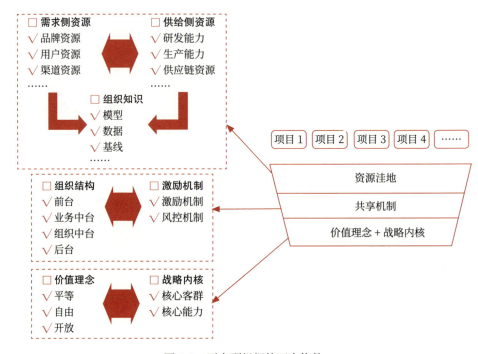

图 5-3　平台型组织的四大构件

资料来源：穆胜企业管理咨询事务所。

有这样的平台作为支撑，员工自然能将自己的创意变成一个个初创公司。当 MVT 成长壮大后，它们又变成了"子平台"，并和"母平台"一起孵化出新的 MVT。如此循环，生生不息。大多数人对于平台型组织的理解都错了，他们以为"平台+项目"两层就是这种组织模式的全部，而事实上，平台型组织是这种关系的无限裂变。

不妨回顾一下我在《平台型组织：释放个体与组织的潜能》一书中对于

平台型组织的定义：企业将自己变成提供资源支持的平台，并通过开放的共享机制，赋予员工相当的财务权、人事权和决策权，使其能够通过灵活的项目形式[⊖]组织各类资源，形成产品、服务和解决方案，满足用户的各类个性化需求。在这一过程中，员工变成了为自己打工的创客[⊖]，创客和企业都能够从项目的成功中分享可观的收益。

如何落地组织转型

企业能不能成为平台型组织，有点"七分天注定，三分靠打拼"的意思。

所谓"七分天注定"就是：资源洼地中供需两侧的资源都来自企业过往的沉淀，而价值理念和战略内核也更多是由老板决定的。这两方面都是既定的，有就有，没有就没有，很难短时间内改变。

所谓"三分靠打拼"就是：我们可以通过组织转型，一方面设计出共享机制，另一方面推动组织知识的沉淀，让前面的既定要素迅速聚合为支撑创客成功的平台。具体来说，就是改变模型中的组织结构、激励机制和组织知识。

这样的设想在穆胜企业管理咨询事务所多年的咨询实践里得到了验证。要让一个企业从金字塔组织变成平台型组织，关键要在三个方面进行变革，改变员工的责、权、利、能四大要素。

其一，重塑组织结构，也就是重新定义员工的"责"和"权"。这个方向的变革将改变指挥条线，让小业务团队甚至个体开始以用户为中心，让听得见

⊖ 这里的项目也有其他形式的称谓，如经营单元、经营体、小微生态圈、模拟公司等。
⊖ 创客，泛指有创业者心态的员工。

炮声的人来做决策，让前台调动中台再调动后台。

新的组织结构意味着，企业开始打破横向的部门边界和纵向的层级，以更多灵活的小经营单元来作战。于是，人员以BP形式相互嵌套，跨边界作战，岗位职责无限延展。这显然挑战了原有分工清晰的组织结构。

在这个方面，大多企业似乎都进行过尝试，尤其是一些互联网大厂看似做得不错。但其实，这些企业的操作存在很大问题。试想，如果某个基于任务发起的团队里有1000多名成员，用完全自主式、"打群架"的方式作战，必然是低效的。小的经营单元也需要科学架构，这可能是下一步需要解决的。

其二，重塑激励机制，也就是重新定义员工的"利"。这个方向的变革将改变指挥条线上每个节点的利益分配方式，让人人都为自己打工。

新的激励机制意味着，员工在细分的赛道里获得"分享利润"程度的激励水平，这就要求打破原有僵化的薪酬结构，让员工越来越多地参与价值创造的分配。

在这个方面，不少企业都做得比较粗放。大多号称有创新的企业，仍然是在灵活聚散的基础上，用360度绩效考核法等传统方法来考核业绩，然后发点增量奖金，这显然是不靠谱的。股权激励这个过去的法宝，也越来越显示出局限性。如果不下决心衡量出员工创造的"市场价值"，激励上的若干尝试都可能只是隔靴搔痒。

其三，重塑赋能机制（主要是组织知识），也就是重新塑造员工的"能"。平台型组织对于个体能力的要求是极高的，因此，转型平台型组织的企业无一例外都会发现自己的人才缺口，于是要求我们帮助它们打造高效率和超稳定的人才供应链，这只能通过强大的知识管理（形成组织知识）来支撑。值得一提的是，这也是我们在近两年的实践中观察到的现象。我相信，直到现在，还有很多人认为平台型组织中的人才是依靠"干中学"（learn by doing）来实现成长的。显然，这样的想法很幼稚。

新的赋能机制意味着，基于业务需求批量复制人才，员工在平台上能够获得四面八方的知识补给，能够快速上手，灵活纠错，实现即插即用。这显然又挑战原有"教-学"式的培养逻辑，如果还是传统的人才培养模式，人的学习曲线规律就是一定的，企业的人才供给就不可能完全满足复杂的市场环境。

在这个方面，当下的企业普遍反应迟钝。相对组织结构和激励机制上已经酝酿多时的转型意识，赋能机制领域还是坚冰一块，培训部门或企业大学似乎依然流连于旧时的培训模式。当然，这可能也是组织管理创新的一大机会。

上述三大转型并不容易，因为每种转型都是在挑战企业原有的组织模式。但问题是，如果不打破原来的组织模式，员工根本动不起来，也就无法释放出组织与个体的潜能。组织转型注定不是小修小补，而平台型组织绝对是一个新时代的开始，组织模式已经进入平台纪元，我们都将是这个新时代的见证者。

第六章

组织能力建设

这个时代，除了"组织模式"外，"组织能力"也是备受关注的热词。显然，不确定性的增加让企业的成败不再过度依赖实体资源，而是更依赖虚拟的组织能力。组织能力让企业能够将实体资源上的优势转变为胜势，在不进则退的激烈竞争环境中，其重要性不言而喻。

对于这个概念的关注似乎顺理成章，但组织能力与组织模式又有什么关系呢？

组织能力与平台型组织

在《人力资源效能》一书中，我曾对组织能力进行过定义：**组织能力是一种基于人力资源专业体系形成的"组织记忆"，它指引了企业的"群体行为模式"**，员工很难对抗这种行为模式，会被自然卷入成为其中一分子。

组织能力不是能人或老板的能力，而是组织层面的整体能力，是个人带不走的能力。从组织能力形成的过程来看，它是组织模式和员工个体交互的结果。

员工个体是拥有不同意愿和能力的个性化生产要素，而组织模式包括两个方面：一是组织构型（organization architecture），包括商业模式（business model）、业务流程（business process）、组织结构（organization structure）和岗位系统（job description）四个维度，决定了企业对于员工的角色设定。新兴崛起的组织开发（organization development，OD）职能正是聚焦于此；二是支持系统（supporting system），包括调配、激励和赋能三大机制，传统人力资源的选、用、育、留等职能模块关注于此（见图6-1）。

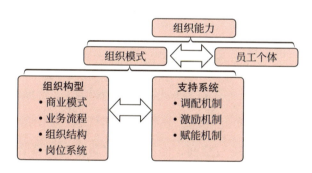

图6-1　组织能力建设全景图

资料来源：穆胜企业管理咨询事务所。

显然，员工个体和组织模式两者中任何一个方面的优化，都能够提升组织能力。但在金字塔组织和平台型组织里，提升组织能力的思路却完全不同。在金字塔组织里，员工个体通过深入嵌入组织模式得以发挥自我，组织能力既强调组织模式的先进性，又强调员工个体的意愿与能力；在平台型组织里，员工个体通过简单地连接就能得以发挥自我，组织能力是"退耦化"的，更强调组织模式的先进性，对于员工个体意愿与能力反而没那么重视。

平台型组织是一种更先进的组织模式，其开放地吐纳（吸收和汰换）员工个体，关注的不是某个员工的成功，而是这种组织模式导致的整体成功率。平台型组织的这种理念完全符合统计学上的"大数原则"。举例来说，尽管组织模式先进，但3个员工的成功与否却有极大的偶然性，但将30个、300个、3000个员工代入组织模式，成功者的比例就会趋于稳定。平台型组织追求的是这种稳定后的概率，其实这才是这个时代的组织能力的精髓。

相对于金字塔组织，平台型组织的组织能力更好检验，因为这类组织很大程度上屏蔽了"人和组织不匹配"的理由，比的是组织模式的优劣。换句话说，在这种让人即插即用的组织模式里，能人不太可能没有机会发挥。说到底，平台能否开放性地为个人提供支持，让平凡人干非凡事，让非凡人干超凡事，创造一个"价值的增量"，这就是组织能力的最好体现。

现实的例子是，不少企业在发展过程中，希望以平台赋能的方式来大量"孵化"分支机构，或者多元业态，这很容易出问题。扩出的机构能否成功，更像是在开盲盒，万一市场有空间，而企业刚好有能人，事情就能成功，反之则会铩羽而归。这种尴尬的原因就在于，它们在用工业经济时代的组织能力，追求互联网与数字化时代的商业结果。

在互联网和数字化时代，"组织能力建设"和"转型平台型组织"是一个意思。只有通过打造平台型组织，才能让企业拥有更轻、更快、更强的组织能力。正因如此，企业才必须在组织构型和支持机制两个方面更新思路，选择一套与金字塔组织完全不同的轻巧方法。这种方法也就是我们前文谈到的三大变革。

组织能力建设的 AFB 法则

如果以平台型组织作为方向,企业打造组织能力需要遵循三大法则。或者说,组织能力有很多具体形态,而平台型组织所需的组织能力是与众不同的。

我认为,这种组织能力应该具有三大特点——AFB 原则(见图 6-2)。

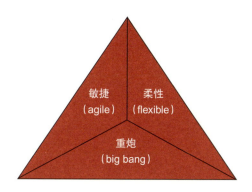

图 6-2　组织能力建设的 AFB 原则

资料来源:穆胜企业管理咨询事务所。

第一是敏捷(agile),即组织有迅速感知信息的能力,有感知才有行动。在这个时代,快一步就是快十步。这里的感知不仅是指感知当前的信息,还指能够通过当前的信息洞见未来,有对于终局的感知能力。如果企业动不起来,很大程度上是因为没有感知到行动的方向。

第二是柔性(flexible),即组织有颗粒化聚散的能力。所谓"颗粒",即组织单元的微观化,微观到极致就是以个体为单位进行聚散,甚至以个人的某项能力为单位进行聚散,这就是近年来常常被提到的"无边界团队"或"斜杠青年"等概念。

如此一来,企业变得又小又大,"小"是"颗粒小","大"是聚合的"团队大"。这类企业不强调"堆人头",而是强调在某一领域迅速响应,从而形成聚合优势。举例来说,一般企业是研、产、销各管一段,销售团队去打单,但另一些企业是研、产、销基于同一目标,一起去打单。这样一来,战争开始之前,后者就赢了,这就是聚合优势。所以,如果企业动不起来,很大程度上可能是因为组织内部过于固化。

第三是重炮(big bang),即形成沉淀的能力。这是很多企业都存在的误区,大多企业认为建设平台型组织应该以"轻"为主,强调小团队作战。但我们应该知道,如果仅仅为前线配置"小米加步枪",只可能小打小闹,是不可能打大仗的。真正的平台型组织,一定有中后台的深厚沉淀,如研发在中后台的沉淀,让企业在技术上拥有高地优势。

举例来说,穆胜企业管理咨询事务所之所以能够频频对客户抛出组织转型领域的新内容,是因为我们有平台型组织研究中心(PFOC)这个业务中台,他们几乎把国内外的组织转型案例全部研究了一遍,对于各种模式基本吃透了。我的云淡风轻背后,是有一个团队为我负重前行。

这类企业又轻又重,"轻"是前台行动的"团队轻","重"是中后台沉淀的"火力重"。这类企业不强调集团军作战,而是强调"轻团队"引导"重大火"。有的企业甚至将所有的部门都赶到前台成为经营单元,看似企业很灵活,花蝴蝶一样地去到处扑用户,实际上成果非常有限。

严格意义上说,我们建设组织能力时对于三大法则都应该遵循,但现实情况是,三大法则都很难以达成。这里有三重境界。

初级是达成一项。这是典型的悲剧,不仅没用反而对组织有负面影响。例如,企业极度敏捷,能感知到市场的变化,看得到行动的方向。但这又有什么用呢?如果组织动不起来,如果组织没有重型火力,看到目标也是枉然。有时机会看多了心情也不好,因为你知道自己错失了什么。

中级是达成两项。这个时候,企业已经能够初步俘获平台型组织模式中组织能力的红利,要么是发现了市场方向后肯定可以有所行动,要么是感知到此市场方向不占优势,但同时看见机会时行动更快、火力更重,结果也是能够获胜的。

高级是达成三项。如果走到了这个段位,企业已经可以深度俘获平台型组织模式中组织能力的红利了,这个就不用多解释了。

组织能力设计矩阵

显然,AFB 法则应该落地到平台型组织转型的若干方案上。从组织能力特征上提出的要求,也必然会让转型方案更加接近"真相"。基于前文谈到的三大变革,根据 AFB 法则,我们可以建立一个设计矩阵(见图 6-3)。

	组织结构	激励机制	赋能机制
敏捷	感知市场	感知价值	感知知识
柔性	自动分形	极致分边	开放体系
重炮	重型火力	合伙激励	深度沉淀

图 6-3 互联网时代的组织能力设计矩阵

资料来源:穆胜企业管理咨询事务所。

其一,组织结构的设计

首先是"敏捷",应该让组织有若干小前端,以便充分感知市场、交互用户。不仅如此，小前端还要与组织的其他部分建立传导信息的灵敏连接。这意味着，一个市场信号在企业内部的传递，一定不能出现衰减。

其次是"柔性"，应该让组织能够自动分形聚散，这意味着要有项目、经营单元等 MVT 式的柔性组织。不仅如此，这类 MVT 还要能够调动其他组织模块，形成更大范围的整体组织柔性。

最后是"重炮"，在组织模块上应该通过坚定不移的业务中台的建设，储备重型火力。不仅如此，为了让中台成为有根之木、有源之水，后台资源池的建设也必不可少。

其二，激励机制的设计

首先是"敏捷"，应该能够感知企业创造价值的逻辑，明确价值的生成过程，这里包括短期内的用户买单和长期内的战略价值。市场环境在变，企业创造价值的逻辑也一定会变，如果用过去的常规思维推断现在的价值（例如认为某个动作一定会带来经营结果），激励机制必定会走入歧途。

其次是"柔性"，应该让组织将价值创造的结果进行极致拆分，甚至核算到个体身上，如此一来，才能让人人都是自己的 CEO。相对于这个时代价值创造的不确定性，传统僵化的激励机制肯定不具备足够的颗粒度，无法精准衡量。所以，新兴的激励机制一定要有足够的柔性，能够贴合团队甚至个人的价值生成曲线，给出公平、及时的激励反馈。

最后是"重炮"，这里又有一个需要提醒的误区，大多企业将平台化的激励等同于项目抽佣，这样只会造成一些浅层的关系，无法深度绑定核心人才。所谓"重炮"，就是把核心人才当合伙人，当"压舱石"。一是当期激励的力度要够，二是要激励核心人才为企业做长远的事情。所以，我才会对自己担任顾问的企业力荐"中后台的战略拨备金制度"和"合伙人持股模式"。

其三，赋能机制的设计

首先是"敏捷"，应该让组织有若干传感器，能够感知各个领域的最佳实践和典型陷阱。最可怕的是，有的企业以"铁索连舟"那样的方式笨重运作，每个职能条线都坚持自己的所谓专业标准。这种企业直到失败了，都还不知道自己是怎么失败的。

其次是"柔性"，应该让组织形成一个柔性的知识体系，人人都能贡献知识碎片，各类知识碎片都能纳入体系，而且体系始终处于动态迭代优化中。这种模式有点像维基百科的创作方式。当前，企业的知识体系实际上是自上而下的顶层设计，很难实现上述柔性状态。

最后是"重炮"，组织应该储备重型知识、大方法论，而不仅仅是一些小插件、小使能器。如果要往这个方向努力，企业必须打通数据化标准，形成一体化的数字化平台。在数字逻辑下，战略如何选择、业务如何运转、绩效如何认定、人力和如何配置等底层问题，都要说清楚。说白了，前台的运作只是这些底层知识的本地化应用而已。这就需要举全公司之力在时间和成本上大量投入，其实考验的是企业的决心。

尽管我一再强调这个时代"组织能力建设"和"转型平台型组织"是一个意思，但以"组织能力"的视角来审视"组织转型"，我们的转型方案的确更加立体。

第七章

组织结构转型

要往 AFB 的方向建设组织能力,还是应该回到组织结构、激励机制和赋能机制的讨论上。接下来,我们将基于多年的实践探索,尝试给出三大变革的具体方向。

首先讨论组织结构的变革方向——三台架构。在三大变革中,组织结构的变革应该是动静最大、让人最有感知的一项。根据穆胜企业管理咨询事务所的《2020 中国企业人力资源效能研究报告》,428 家样本企业中的近半数(54.1%)扁平化指数已经达到 1.5 以上(见图 7-1)。这个指数由组织架构的管理幅宽和层级决定,低于 1 说明组织设计存在冗余,超过 1.5 则说明该企业在架构上已经进入了平台型组织的雏形。这种扁平化趋势很大程度是由三台架构的潮流来推动的。

但遗憾的是,大多企业尽管调整了组织结构,命名了前、中、后台,但依然没有跳出金字塔组织的桎梏。其中的原因,值得细品。

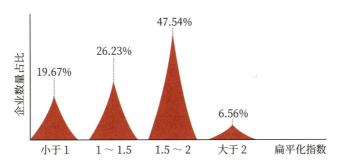

图 7-1　企业组织结构的扁平化趋势

资料来源：穆胜企业管理咨询事务所的《2020 中国企业人力资源效能研究报告》。

组织结构的死胡同

这个时代的组织设计，实际上是在三个约束条件中求最优解。

◎ **灵活性**：建立的组织结构能否应对市场的各种需求。这是企业生存的基础。
◎ **经济性**：能否用最精简的人员和机构支持业务。因为人员和机构不仅会形成显性成本，还会形成大量隐性成本（内部交易成本）。
◎ **规范性**：能否对扩张出去的分支机构进行有效管理，确保其路径规范、不踩红线、有效协同。绝大多数老板宁愿企业发展得慢一点，也绝对不愿意失控，风险太大。

这三个约束条件形成了矛盾的两极：一极是经济性和规范性；另一极是灵活性。事实上，企业永远不可能两全，追求一极就必然要放弃另一极。

所以，企业会陷入分拆与合并的循环：每当需要灵活性时就会"放权"，为接近市场的一线部门配置各类职能（人力、财务、运营、营销等），让其以"独立团"的形式响应市场，甚至让"独立团"越来越大；每当需要经济性和规范性，就会"收权"，将分散配置在一线部门中的职能抽取出来，合并为大职能部门，并由总部统一规范管理。

可以说，所有金字塔组织中涉及职能调整的"组织转型"和"组织变革"，都是以上述两种基调进行的，无一例外。而组织模式历经支线制、职能制、直线职能制、控股公司（H型）、事业部制（M型）、矩阵制，诸多形式其实也只是在两极之间摇摆。

在几个约束条件下，企业有一个在放权和收权之间保持平衡的"空间"，㊀但具体应该如何在这个空间中找到平衡点，还是要看市场环境。在工业经济时代，市场环境相对单纯且稳定，对于灵活性、经济性和规范性的要求不高，这个平衡点并不难找到。

但互联网和数字化时代却带来了变数。这个时代的信息变得透明化，导致两种结果：一是需求侧的用户崛起，可以在接纳海量信息的前提下，用鼠标自由选择产品、服务和解决方案；二是供给侧的生产要素可以快速组合，形成了海量的产品、服务和解决方案。在产品之间的激烈竞争下，被娇惯的用户对此提出了新的要求——超级体验感，这也成了组织设计的新约束条件。

不仅是新约束条件的加入，旧约束条件也越来越苛刻，形成了一种不可调和的矛盾。

一极是超级体验感和超级灵活性。超级体验感要求把产品做到90分，而以前做到60分就行。你不做，其他竞争对手就会做，稍微突出一点，就可能"赢者通吃"。超级灵活性则要求满足用户的"朝令夕改""喜新厌旧"。

另一极是超级经济性和超级规范性。超级经济性要求组织精简，只有如此

㊀ 只要在这个空间中寻找平衡点，就没有破坏组织设计的规律，没有"大错"。

才能满足用户对于"低价"的高要求。超级规范性要求在多样、复杂、频繁的决策中保持高水准，灵活执行企业的管控逻辑。显然，用"一刀切"的方式来保住企业的底线是相当愚蠢的行为。

上述要求导致经典的"一管就死，一放就乱"，授权两难爆发，放权与收权之间的平衡点几乎不再存在，现有的任何一种组织模式的架构都达不到要求。于是，我们不得不深度思考传统组织模式架构的底层逻辑，以便寻求突破。

其实，传统组织模式无论如何变化，都还是金字塔形，其严格遵循"权力的分发逻辑"，所以才会走入死胡同。

在金字塔组织里，权力天然集中于顶层，一定是"以领导为中心"，而非"以用户为中心"。在这种组织模式里提"重视用户"，实际上是让"领导重视用户"，领导的注意力在哪里，权力就支持到哪里，资源就配置在哪里。

但是，领导又不可能长期在一线，他们对用户的感知，始终是滞后的。于是，老板只能通过金字塔组织的架构进行分权，让各部门各司其职，让各层级向上负责。可以说，这个架构是老板回应用户需求的唯一方法，更是他们的安全感之所在。

这种架构带来两种意义上的僵化。

一是架构中各司其职的僵化。这种架构的指挥链条是，老板指挥职能部门，职能部门指挥一线部门。带来的结果是，一线部门尽管掌握了更多市场信息，但它们决策权有限，对等的责任自然也有限。其他部门也是各管一段，不会以用户为中心，更不会对市场结果负责。这样的架构里，每个人都不愿意"多走半步"。

二是架构缺乏迭代空间的僵化。正因为这个架构代表了老板认可的权力分布，必然是相对稳定的。在这种架构里，部门、团队、岗位要调整或撤销，人员要流动或汰换，都是很难的。

其实，如果以市场需求来决定权力分布，组织架构就不能以金字塔的逻辑存在。以老板为龙头的时代已经过去了，如何让企业内"群龙无首"才是关键。不是分权，而是让一线部门获得"天然的权力"。

重组三台架构

正因为金字塔组织架构僵化且无迭代空间，我们才会思考一种新的组织架构。这种设想能否克服两种僵化，成了检验新组织模式架构成功与否的标准。

于是，一种打破部门、团队、岗位边界的组织架构设想脱颖而出，这就是平台型组织的三台架构。这里，有必要对"三台"进行解释。

- 前台：打粮食的团队、企业的分形，实现"创意到货币"的闭环。
- 中台包括两类：业务中台，把后台的资源变成弹药输送给前台；组织中台，把后台的"一刀切"政策变成落地方案配置给前台。
- 后台：做好资源池，定好基本的游戏规则。

基于这种设定，我们可以勾勒出一个三台架构的概念图（见图7-2）。这个组织架构实际上是通过两条线来实现的。

一条是资源（业务）的"三台化"。后台资源池部门（如供应链部门）推动

"资源中台化",裂变出业务中台,形成前台所需的弹药;业务中台则推动"业务中台融入化",通过派出 BP 进入前台,与前台团队共同作战。

另一条是政策(职能)的"三台化"。后台职能体系(如财务、人力部门)推动"三支柱变革",通过派出 BP 的形式裂变出组织中台,把"一刀切"的政策变成可以弹性执行的政策;组织中台则推动"组织中台融入化",通过派出 BP 进入前台,与前台团队共同作战。

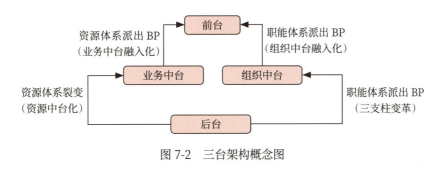

图 7-2　三台架构概念图

资料来源:穆胜企业管理咨询事务所。

不难发现,三台架构并非三台相互独立、条块分明,而是通过派出 BP 的形式相互嵌套,三台架构之间的边界非常模糊。正是基于这个原因,我坚持认为平台型组织是不可能画出清晰组织机构图的,甚至可以断言,能画出清晰组织机构图的"平台型组织"都是伪逻辑。其实,基于职能部门不接地气、不理解业务,让其以 BP 的形式深入业务,已经是一些大型企业近年来的常态。这种常态虽然不是基于平台型组织或三台架构的设计理念而产生的,但却是业务拉动的结果,也与组织转型的趋势不谋而合。

上述逻辑也表明,对于组织转型的那种浪漫想法是不切实际的。在绝大部分人的思维里,前台团队应该是自主形成的,各个部门中有能力的人都可以进入前台。在一些企业里,一个项目拉几十上百人进入是常有的事,尤其是一些在线协作App也提供了类似的功能。其实，这种组队逻辑是低效的，后续我会提到，前台人员的输送管道、构成结构、编制数量等，都有其需要遵循的规律。

这种组织架构**以用户为中心**，带来了两种变化。

一是破解了各司其职的僵化。权力天然在一线，所以形成了全新的指挥链条，即用户指挥前台，前台指挥中台，中台指挥后台。由于BP化导致部门之间"你中有我，我中有你"，使得各个角色"多走半步"成为可能。

二是破解了架构无法迭代的僵化。由于部门边界被打破，市场成了架构调整的设计者。每个市场信号都会导致BP的流动，形成新的适配市场的架构。这种架构里，并不强调员工为哪个部门所有，而是强调员工为哪个部门所用，本位主义、山头主义自然也失去了滋生的空间。

近年来，企业搭建三台架构的热情颇高，但实际效果如何呢？在穆胜企业管理咨询事务所发布的《2021中国企业平台型组织建设研究报告》中，披露了一些趋势。

整体来看，完整设立了前、中、后台的企业有30.8%。但这些三台架构是真的吗？还是更换了外壳的传统架构？考虑三台架构中各个组织模块之间相互嵌套，我们从企业"有没有跨边界协作项目"的角度进行了检验，结果显示，所有样本中，仍有20.6%的企业符合条件（见图7-3）。客观评价，尽管有"假动作"和"小尝试"，但真正决心推动三台架构的企业比例之高，让人颇感惊喜。组织转型的浪潮，已然到来。

接下来，我将基于理论研究和实践验证，给出三台架构的成熟度模型（OS值评估，见图7-4），分别对前、中、后台的状态进行描述。

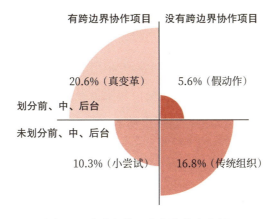

图 7-3 企业打造三台架构的含金量

注：部分样本企业回答了"说不清"，但未出现在图内，所以导致加总比例小于 100%。
资料来源：穆胜企业管理咨询事务所的《2021 中国企业平台型组织建设研究报告》。

构件		评级			
		金字塔组织（1级）	灵活金字塔组织（2级）	半平台型组织（3级）	全平台型组织（4级）
组织结构（OS 值）	1-1 前台	交互节点	交互团队	主要闭环	全闭环
	1-2 业务中台	专业运作	封装交付	资源超市	BP 化融入
	1-3 组织中台	政策警察	组织政委	顾问专家	联创伙伴
	1-4 后台	行政关系	保姆关系 / 游子关系		平台关系

图 7-4 三台架构成熟度模型

资料来源：穆胜企业管理咨询事务所。

前台建设

前台可以分为以下四个等级。

1 级是"交互节点"，即最能感知客户需求的单节点职能，如销售员或销售团队。这是大多企业理解的前台，其实是很狭隘的。

2级是"交互团队"，即最能感知客户需求的小交互团队，如华为前端"铁三角"（客户经理、解决方案经理、交付与服务经理）。相对交互节点，这种团队配置了更强的力量，但却也只能打小仗。

3级是"主要闭环"，即对项目生命周期的主要阶段负责的闭环团队，如华为的"铁三角"（销售）+PDT（研发）。这比交互团队又进了一层，几乎相当于一个"小公司"了。

4级是"全闭环"，即对项目生命周期负责的闭环团队，如一个项目从启动、开发、运营到交付的闭环团队。这在很大程度上涉及对中、后台人员的深度调用，几乎是把公司一切可以配置的力量都配置了过来，完全就是公司的"分形"。

在我们的视野内，只有凤毛麟角的企业设立了全闭环的前台队伍，这说明企业对于平台型组织的理解和实践深度还相对有限，并未理解前台的真谛。这不奇怪，在我们的实践中，要将前台推进到"3级"形成"主要闭环"，涉及角色选择、职责调整、重组汇报线等一系列操作，已经很难了。

现实中，将前台理解为销售部门或团队的企业占绝大多数。不少人的逻辑似乎也理直气壮——前台是打粮食的团队，不是销售部门，又能是谁呢？企业应该清楚，粮食不是销售部门打下来的，而是诸多部门配合销售部门打下来的。换个角度想，一边是销售团队单兵作战，另一边是若干职能强力支持销售团队，哪边更容易成功呢？所以，把销售理解为"做生意"的人，格局就小了。

中台建设

先看业务中台，这个部分分为以下四个等级。

1 级是"专业运作"，即只以统一的专业标准实现交付。这是大多数企业中台部门或成本中心的状态，它们只讲自己的专业，从来不关心市场的需求。

2 级是"封装交付"，即以内部客户视角打造产品或服务，实现更贴合需求的标准化交付。一般来说，有点客户意识的业务中台，多和前台沟通沟通，听听市场的声音，就能够进入这个阶段。

3 级是"资源超市"，即产品或服务足够丰富且具有足够柔性，价格足够清晰，内部客户可以基于自己的需求进行选择。当然，这就要求业务中台不仅要紧盯市场，还要有极强的供应能力，否则它们可能应对不了前台无限延展、极度个性的需求。

4 级是"BP 化融入"，即派出的 BP 已融入业务部门，并基于其需求进行个性化深度定制。这里已经不是紧盯市场了，它们本来就在市场里面，这个时候的反应是最迅速的。

当前，除了传统企业停留在"专业运作"的阶段，开始组织转型的企业设立的业务中台基本都进入了"封装交付"阶段，即业务中台以内部客户视角打造产品或服务，实现更贴合需求的标准化交付。一部分企业宣称打造了"资源超市"，但其业务中台的能力根本经不起考验，把自己描述为"超市"确实有点夸张了。另外，少部分企业尽管都向一线部门派出了 BP，但深入程度有限，更像是业务中台在前台开了一个"办事窗口"，严格意义上说，它们并不能被称为"BP 化融入"。

再看组织中台，这个部分分为以下四个等级。

1 级是"政策警察"，相对传统，工作被动，紧盯红线，仅仅能够确保总部政策落地。这个阶段，由于立场不同，业务部门往往对其比较反感。

2 级是"组织政委"，在专业领域拥有话语权，能够主动出击，基于专业常识参与团队决策，在确保总部政策落地的同时，还能洞察和纠偏隐性的团队状态。

3 级是"顾问专家"，基于专业方法论（而非常识）参与团队决策，以推动业务增长为目的，为业务部门提供专业化的激励和赋能。

4 级是"联创伙伴"，基于专业方法论（而非常识）和战略视野参与团队决策，以推动经营为目的，为业务部门提供极度定制化的激励和赋能。

组织中台是组织转型的一个关键环节，后续会有专门的篇幅详细介绍。当前，未决心推动组织转型的企业，其名义上的"组织中台"仍处于"政策警察"的初级阶段，即传达后台政策，监督前台执行。决心转型的先锋企业将组织中台进化到了"组织政委"和"顾问专家"之间。其中，偏"组织政委"的是大多数，即推动文化渗透和人才队伍建设，这也是当前不少企业追捧的主流；偏"顾问专家"的相对较少，即提供业务部门极度认可的专业解决方案。

当然，也有屈指可数的企业开始进阶到"联创伙伴"，即提供业务部门极度认可的专业解决方案，并与前台共担风险（高权重 KPI 共担）、共同分享（奖金）。这些企业的财务和人力 BP 尽管与业务部门在指标上有共担，在收益上有共享，但程度相对较轻，严格意义上说，它们才刚刚入门，并不能被称为真正的"联创伙伴"。

总之，企业在两类中台的建设上，都处于"摸着石头过河"阶段，有方向地认知，但并未实现进阶的突破。

后台建设

严格意义上说，所有企业都有自己的后台，无非是以什么逻辑运作罢了。我习惯从两个角度观察后台的状态：一是**赋能水平**，即是否能基于业务特点提供资源或专业方法论支持；二是**激励水平**，即是否能基于业务特点提供适配的激励政策。

基于这两个角度，后台可以分为以下四个等级。

1级是"行政关系"，即对前、中台的赋能和激励都比较弱。这是传统金字塔组织的状态，大家对这样的后台应该都有过体验，这样的后台也饱受业务部门抱怨。

2级/3级是"保姆关系/游子关系"，即要么对前、中台的赋能强，激励弱，要么对前、中台的激励强，赋能弱。要注意的是，这个刻度我们没有分出两级，而是放在了一起，因为保姆关系和游子关系两种状态只是不同，并不能说哪个更靠近平台型组织。

4级是"平台关系"，即对前、中台的赋能和激励都比较强。其实，这种状态的后台应该就是一家顶级投资机构了。

对于后台定位的改变是最迟缓的，大量企业仍处于"行政关系"阶段，仍然较为传统，依然是铁板一块，对前、中台的激励和赋能都比较弱。进化到"游子关系"和"保姆关系"的企业，其实已经基于三台架构的思路，进化出了赋能或激励的某类专长，已经算是优秀了。凤毛麟角的企业进化到"平台关系"，对前、中台的赋能和激励都比较强。这是什么概念呢？相当于在全国奥数竞赛中拿满分吧。

值得一提的是，后台显然是三台架构中最薄弱的一个环节，这已经成为平台型组织建设的巨大障碍，必然会大大降低企业组织转型的效率。尽管做出这种判断，但我并不认为后台的转型可以一蹴而就，它极有可能是持久战。道理很简单，从后台的问题出发来改变后台是没用的，这群人位居庙堂之高，只有两种力量能够让他们改变，一是来自企业顶层的推动力，二是来自前、中台的拉动力。我们有的客户企业看到它们的后台评级后就急了，马上要动后台。我们却劝告它们别急，要先改好了前、中台，先建立了顶层的合伙人团队。到时你不动后台，也有人帮助你动后台。

根据穆胜企业管理咨询事务所的《2021中国企业平台型组织建设研究报告》，从三台架构成熟度（OS值）来看，有将近半数的样本企业仍然处在1级，即处于金字塔组织的组织结构下，而仅有2.8%的样本企业处在4级，即建立了平台型组织的组织结构。当然，这2.8%的企业的成色，还需要进一步验证，我们估计，实际数据比这个更少。

第八章

激励机制转型

有了三台架构,中、后台的各类角色就能以 BP 或其他形式进入前台,形成若干经营单元;即使不能进入前台的角色,也会与前台建立各种紧密连接关系。

这种状态让组织内的各个角色可以最大限度地感知到市场的压力,他们为用户创造的价值成果会格外明显。如此一来,我们就可以大胆地想象一种激励状态——能不能把员工激励成合伙人,人人都是自己的 CEO?

进一步看,企业也必须变革激励机制。在更加扁平的三台架构中,如果没有更加灵活的激励,"失控"和"低效"必然会如约而至。这正是大量企业当前存在的状况,当它们试图用"激发员工热情""赋能于人""尊重人性"等情怀来回避机制设计时,这种转型注定会失败。

我们的数据显示(见图 8-1),在扁平化指数为 1.5 以上的样本里,仍有

54.55%的企业激励真实指数为5%以下。[○]这样的"错位企业"灵魂没有跟上身体，激励公平性一定会受到极大的挑战，带来若干并发症。相对于其他"非错位企业"，这些企业的员工的职业倦怠期短3.4个月，晋升率降低4%，文化认同度降低22%，负面影响异常明显。

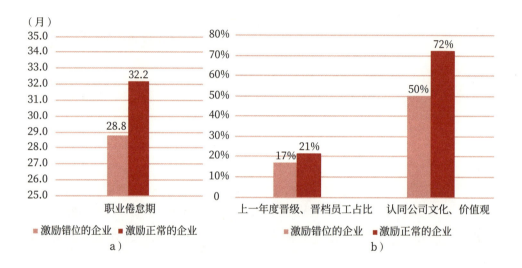

图8-1 激励错位的企业与激励正常的企业各项指标对比

资料来源：穆胜企业管理咨询事务所的《2020中国企业人力资源效能研究报告》。

在组织转型的潮流中，平台型组织的激励机制已经是不容回避的问题。

传统激励机制糟透了

金字塔组织中，薪酬结构是"岗位工资+绩效工资+奖金+福利"，其中，最能激励员工的浮动部分仅仅是绩效工资和奖金。进一步看，所谓的浮动部

○ 需要说明的是，这部分激励真实指数在5%以上的样本，实际数据大量处于5%～7%，并不算太优秀。整体样本分布如图8-2所示。

分，按理说是与绩效考核相联动，而绩效考核是可以从 0 分打到 100 分的（如果是百分制），实际上并非如此。

根据穆胜企业管理咨询事务所在 2017 年针对几十家直接客户企业所做的调研中发现，其激励真实指数全都在 5% 以下。根据穆胜企业管理咨询事务所在 2020 年 11 月发布的《2020 中国企业人力资源效能研究报告》披露，428 家样本企业的平均激励真实指数依然仅为 4.62%，尽管有极个别优秀者，但这个指标在整体上没有超过 5%（见图 8-2）。

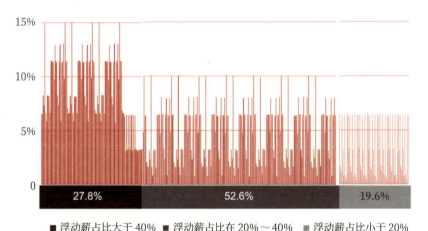

图 8-2　激励真实指数分布图

资料来源：穆胜企业管理咨询事务所的《2020 中国企业人力资源效能研究报告》。

激励真实指数是我原创的指标，表明绩效考核得分的变动部分占总分的比例，用于衡量企业的绩效考核是否真刀真枪，有没有拉开差距。以上数据显示，平均来看，在 100 分的绩效总分中，大多企业仅有不到 5 分的浮动。直观描述就是，60 分塌不下去，70 分拔不上去，只在一个很小的范围内浮动。如此一来，绩效考核近乎缺位。

不妨算一笔账：如果员工不分层级，每个人的薪酬中浮动薪平均应该占40%。而按照我们对激励真实指数的统计，这40%的浮动薪实际只有5%的浮动空间，最后反映在薪酬上，就是整体只有2%的浮动。显然，这是一种超级弱激励，绩效工资实际上还是按照岗位职级的标准发放的。

总的来说，金字塔组织的激励机制实际上是一种基于固定岗位的激励，职级在很大程度上决定了最后的薪酬发放。当"面向市场做绩效"很难证明自己时，"面向领导讨喜欢"就成了最优策略选择。说到底，传统的激励机制与金字塔组织的内在逻辑是高度一致的。在工业经济时代，市场环境相对简单，仅仅需要企业提供标准化的产出，而这种激励机制恰恰鼓励了各司其职、向上负责，即使激励性不强，问题也不大。

当互联网和数字化时代来临时，市场环境变得复杂，要求企业在需求侧灵敏感知用户需要，在供给侧灵活组织资源满足这些需求。而这种需求，只有通过激活员工的"企业家才能"来实现，这要求员工自主寻找目标、自主制订方案、自主组织资源，甚至实现从"创意"到"货币"的全过程，这其实是要求他们变成若干个"小老板"。此时，如果还用传统激励机制来匹配"小老板"的贡献，显然就不合适了。

老板喜欢以文案来鼓舞士气，基本的"套路"无非是强调激发创业精神。言下之意，我给你足够的授权和资源，你把自己当成"小老板"，不要只关注自己岗位上的一亩三分地，要有高度，要多打点粮食回来。但员工的疑惑在于，我在岗位上稳定输出就行了，做事拿钱，你给一样的钱，我为什么要去改变？典型的"打工人"逻辑。

面对这样的困境，大多企业（尤其是互联网企业）依然选择沿用按照岗位职级发放固定薪酬的逻辑，只是希望让固定薪酬形成更强的激励性。于是，它们引入"宽带薪酬制"，压缩管理职级数，并让每个职级上都要有一个相当可观的薪酬带宽，两个职级的带宽之间还有大量重合（见图8-3）。说到底，这种激励设计希望员工不要"唯官阶论"，而是争取用好的表现来实现加薪。这类企业的薪酬带宽往往让人咋舌，甚至下级比上级工资高也是常事。但是，这种操作并没有带来预想的结果，㊀当企业不能有效评价员工的绩效结果时，过于延展的薪酬带宽就成了企业文化崩溃的炸药。

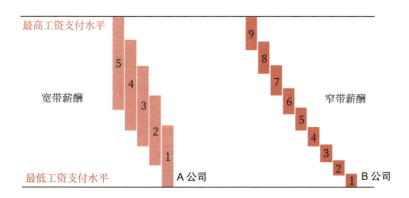

图8-3 宽带薪酬和窄带薪酬对比图

注：图中的数字代表职级，A、B两个公司有同样的最高、最低工资跨度。宽带薪酬分为5级，职级之间有大量支付水平的重叠部分；窄带薪酬分为9级，直接相连两级之间支付水平的重叠较少。
资料来源：穆胜企业管理咨询事务所。

我们辅导的一家企业就采用了这种夸张的宽带薪酬制。结果，其2019年的员工离职率超过50%，主动离职率超过30%。经过分析，"对于发展机会和薪资不满意"是第一大原因，占56%。考虑到这家企业的薪酬处于行业中游水平（P50以上），整体薪酬水平应该不是导致员工大量离职的原因。直白说，就

㊀ 实施宽带薪酬制的另一个原因是为了获得薪酬支付的灵活性。在互联网商业浪潮袭来时，若干行业迅速崛起，带来了人才薪酬水平的大幅波动，此时如果再使用窄带薪酬，显然会因过于僵化而失去吸引人才的筹码。

是钱没有发公平！

宽带薪酬制更像是在原有薪酬模式上的一种"就地取材"的拓展，除了很难运用之外，还有一个巨大的问题，就是形成了"不可逆"的庞大固定薪酬。从本质上看，这并不是一种市场化激励，无法应对这个时代的需求。

还有一些企业想要突破，但却陷入了浪漫主义的遐想。这类企业的老板想模拟家庭联产承包责任制，把企业按部门直接划分成若干经营单元，甚至想把人变成最小的经营单元，认为经营单元业绩的加总就是公司业绩。这也是不动脑筋的做法。每个部门或人都可以变成经营体吗？一部分可以，他们的短期贡献可以从项目业绩中分离出来；一部分是不能的，他们对于企业是长期贡献。更何况有部门或人的贡献是混合的，一部分是短期贡献，另一部分是长期贡献。

家庭联产承包责任制成功的根本原因在于传统农业的协作方式很简单，一个农民一块地（相当于一个公司），收获利润了，交够公家的，就是自己的。但工业领域甚至现代农业的协作方式已经非常复杂，利润的产生是多部门协作的结果。如此一来，如何核算？

市场化激励的方向

经过穆胜企业管理咨询事务所的实践，我们发现，真正的平台型组织中的激励应该分三层。

一是合伙人激励

这是通过股权激励来实现的，具体包括股权、期权、限制性股票、虚拟股权几种形式，可任意选择。这类激励不能"撒胡椒面"，对象只能是企业里的核心人员，即对企业有真正重大影响的一类人。

企业稍微做大一点，就需要有合伙人团队，具体包括 EMT（执行管理团队）、SMT（高层管理团队）、RMT（储备管理团队）三个层面。这个三层的团队构成了企业的人才底盘，确保了企业的稳定与发展。

一方面，他们"劣后者"，即使公司做不下去了，他们依然是最后的守门人，至少我们可以在激励机制上实现这种设计；另一方面，他们又是"开拓者"，当公司需要拓展新的未知领域时，他们是可以背上一个背包就赶赴新的战场的，我们同样可以在激励机制上为他们实现一定的保障。

不少企业实际上已经上马了股权激励，但它们的现状让人忧心。我们在《2020 中国企业人力资源效能研究报告》中披露：428 家样本企业中，只有 11.45% 的企业可以用好这个高级工具；在已经上马股权激励的样本企业中，也有近 1/3 是"两眼一抹黑"，实属跟风。这个工具看似简单，实则有很多门道。

二是蓝领工人的日清日结，甚至按单结算

这是在每个业务动作标准化基础上，让员工的工作流在线化，典型例子就是美团的送餐小哥、滴滴的司机等。这种激励得以实现，并不在于机制要如何设计，主要在于技术条件的达成。随着数字化时代的到来，相信越来越多的企业将有条件在蓝领工人这个层面实现类似状态。

这种状态要从两个方面来理解。一方面，按单结算的确释放了个体的潜能；另一方面，由于工作流在线化，员工似乎无法"偷懒"，企业也容易被认

为是"血汗工厂"。这里还是要掌握一个平衡，此时，企业的决策会反向拷问其作为平台的价值观（价值理念）。如果平台的政策与共同富裕的导向相反，那么，企业就可能失去生存的根基。随着数字化时代的到来，相信越来越多的企业都必须面对这个问题。

三是项目激励，即项目超利分享

这是将企业的整体价值创造切割为若干经营单元，再让价值创造者在工资之外分享超额利润。简单来说，通过改造自己的薪酬结构，员工拿出一部分钱参与某个项目的跟投对赌，来换取超额利润的分享权（见图8-4）。在这样的项目里，员工与企业共同创造价值，共同承担风险，共同分享收益。

图8-4 项目激励的直观效果

资料来源：穆胜企业管理咨询事务所。

这种激励机制中，员工在项目（经营单元）里的责、权、利都高度一致，这显然比让所有员工拥有公司层面的股权更加靠谱。道理很简单，在全员股权的模式里，不能对公司产生全局性影响的人，却要分享公司层面的利润，责、权、利是不对等的，所以它不是一个好的激励机制设计。试想，如果我们能够将公司尽可能多地划为项目或经营单元，那么员工中就可能产生更多的"小老板"，组织的活力就可能达到上限，组织的潜能就可能最大限度地得以释放。

整体来看，项目激励是平台型组织激励机制变革的重点。因为合伙人激励始终面对的是少数人，激励对象有限；蓝领工人的按单结算由于针对标准工作，激励空间有限；只有项目激励才能激活大多数价值创造者，有力支撑企业的整体业绩增长，向上推高市值，惠及合伙人激励，向下丰富业务，对底层蓝领工人分发高质量的订单。

当下，项目激励的确成了趋势。我们的数据显示（见图8-5）：有超过70%的企业浮动薪与项目高度关联，初步体现了"平台型组织"激励机制设计的雏形。另外，有超过70%的企业浮动薪是按照业务节奏发放的。这个衡量标准非常关键，一定程度上说明了企业发的是不是"来自市场的钱"。从这个数据反馈，这类企业中大部分的确导入了市场化激励。结合两项指标来看，59.8%的企业既有与项目相关的浮动薪，又有按照业务节奏发放的浮动薪，它们的确在一定程度上引入了市场化激励。趋势来得太快，抱残守缺的老板和HR，可能要重新调整思路了。

a）是否发放与项目相关的浮动薪

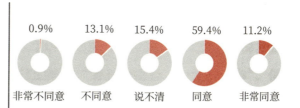
b）是否按照业务节奏发放浮动薪

图8-5　关于市场化激励普及程度的两个重要指标

资料来源：穆胜企业管理咨询事务所的《2021中国企业平台型组织建设研究报告》。

项目激励的具体操作，我们后续会详细描述，此处先谈谈设计导向。

◎ **职能并联**[⊖]：企业内产出价值的角色以各种方式"强连接"在一起，共同劣后。

⊖ 相对于前文提到的MVT内部职能并联，此处的职能并联范畴更大，扩展到了整个组织。

◎ **用户付薪**[注]：企业内各类员工获得的薪酬都来自为用户创造的价值。

◎ **动态优化**：经营业绩是否能够最快反映在企业的排兵布阵上。

接下来，我将基于理论研究和实践验证，给出市场化激励的成熟度模型（IM 值评估，见图 8-6），分别对上述几个维度进行描述。

激励机制（IM 值）	状态	评级			
		金字塔组织（1级）	灵活金字塔组织（2级）	半平台型组织（3级）	全平台型组织（4级）
	职能并联	未并联	前台并联	前、中台并联	前、中、后台几乎全并联
	用户付薪	预算付薪	预算付薪为主，有部分用户付薪	用户付薪为主，有部分预算付薪	几乎全用户付薪
	动态优化	人员固化，很少调整	根据公司整体经营反馈，局部调整	根据前、中台（业务部门）经营反馈，大面积调整	根据前、中、后台经营反馈，整体调整

图 8-6 市场化激励的成熟度模型

资料来源：穆胜企业管理咨询事务所。

职能并联

这里的"并联"是广义的，指共同对统一的目标（或方向）负责，并因此拥有共同利益。具体表现为，当一方利益受损时，另一方会受到直接的波及。职能并联可以分为四个等级。

1 级是"未并联"，即企业依然以传统的 KPI 来考核，员工依然各管一段。这个时候，员工是不会关注部门和组织最终目标达成的，只会主张自己完成了

[注] 相对于前文提到的 MVT 内部用户付薪，此处的用户付薪范畴更大，扩展到了整个组织。

自己的工作，用指标或目标结果去换取激励，完全是"打工人"的心态。这是大多数企业的状态。

2级是"前台并联"，即为了支撑前台更好地向用户交付结果，为其配置了若干周边职能，将团队利益捆绑在一起。典型的例子是华为的前端铁三角，由客户经理、解决方案经理、交付与服务经理组成小团队，三个角色的利益是捆绑在一起的。由于打的是小仗，激励比较好结算，前台小团队内部没有太多的争议。

3级是"前、中台并联"，即不仅前台形成了并联，中台的利益也很大程度上与前台相联系，经营业绩会对其形成直接影响。一方面，业务中台和前台之间建立了服务或产品的购买关系，其利益应该考虑这类绩效进行发放；另一方面，组织中台也进入了前台团队，与前台成员形成了合伙关系，其利益显然是由前台经营业绩所决定的。

4级是"前、中、后台几乎全并联"，即不仅前台和中台的利益绑定，后台的利益也被捆绑了进来。后台负责建立游戏规则和资源池，掌握"人"和"财"等更大范围的资源，其直接作用是支持中台建设，间接作用是支持前台获得经营业绩。后台的利益应该基于这两种作用。

当前，大多数企业的改造停止在"前台并联"阶段。对于老板来说，形成更加强大的前台团队，并且让他们组队"承包业务"，不仅逻辑简单易懂，似乎也会立竿见影地带来经营业绩的提升。更重要的是，这种变革相对轻快，不会涉及改变中、后台的利益格局。但是，这样的瞻前顾后，却大大限制了市场化激励的威力，并不一定能够达到他们想要的效果。现实中，这类老板往往自认为"政策好"，但员工面对难以企及的目标却依然"没感觉"。

用户付薪

这里主要关注"薪源"。俗话说，拿谁的钱，做谁的事。市场化激励应该尽量确保每个组织模块都从用户手中拿钱，它们自然也会为用户做事。用户付薪可以分为四个等级。

1级是"预算付薪"，即企业划定人工成本预算作为基数，并以传统的KPI来考核绩效，两者共同决定实际的薪酬发放。在这种逻辑里，员工一定是以领导为中心的，他们关注自己的职级和KPI，并不会太多考虑市场的需求。

2级是"预算付薪为主，有部分用户付薪"，即企业里有部分的组织模块实现了用户付薪，而大多的组织模块依然是预算付薪。一般来说，首先实现用户付薪的组织模块一定是最接近用户的地方——前台。在技术上，这显然是更容易实现的。

3级是"用户付薪为主，有部分预算付薪"，即企业里大部分的组织模块实现了用户付薪，而有部分的组织模块依然是预算付薪。这说明企业的激励变革已经沿着三台架构，从前台渗透到了业务中台和组织中台。换句话说，有大部分人会紧盯市场，以用户为中心，因为这是他们的利益所在。

4级是"几乎全用户付薪"，即企业里大部分组织模块的薪源已经统一为用户。离用户近的，直接接受用户考核；离用户远的，其收益也会受用户评价的直接影响。

职能并联，无非是让若干角色校准一个目标，不能各管一段。这对于被激励者来说，尚且可以适应，其感知无非是企业从考核个人绩效转换到了考核团队绩效。但用户付薪，涉及转换"薪源"，对被考核者来说就不再是考核方式的变换，而是考核主体的变换，这对其是有极大冲击的。市场不说谎，市场很残酷，一旦企业进行了此类变革，直面市场的员工就真正意义上成了企业的"合伙人"。

正是基于这个原因，大多数企业会停留在"预算付薪为主，有部分用户付薪"。对于它们来说，前台可以作为"特区"来改造，实施用户付薪，但是中、后台不能动，稳定压倒一切。

动态优化

在市场化激励中，经营业绩除了会影响该团队人员的激励发放，还会影响人员配置。有时，人不行，再怎么进行奖勤罚懒也是徒劳。企业的激励机制，不能仅限于在既有人员身上做好激励，应该对更广范畴的人员形成"指挥棒"的作用。动态优化可以分为四个等级。

1 级是"人员固化，很少调整"，即在金字塔组织架构里，人员各管一段，各自背负 KPI。KPI 既不能拉开员工的考核差距，也不能灵敏地反馈其真正的价值创造，于是，我们很难根据经营业绩来调整人员。

2 级是"根据公司整体经营反馈，局部调整"，即只能根据前台"打粮食"的效果来决定前台的人员调整。如果要进行中、后台的调整，就只能推断其对于前台的支持程度，并以此作为依据。显然，此时的调整更多是凭感觉，自然也不敢有大动作。大多时候，调整的目的并不一定是获得经营业绩，可能更多是从人力资源专业角度理顺组织。

3 级是"根据前、中台（业务部门）经营反馈，大面积调整"，即当中、前台实现了职能并联和用户付薪时，更多组织模块创造的经营业绩会浮出水面，自然能够进行精准的人员调整。以前的中台部门强调专业绩效，现在的中台部门必须主张经营业绩，人行不行、要不要给机会继续干，一目了然。

4级是"根据前、中、后台经营反馈，整体调整"，即当前、中、后台实现了职能并联和用户付薪时，整个组织里人员的激励都被渗透了。此时，各个组织模块的经营业绩的变动会导致人员频繁调整。这种调整并非企业统一进行的，而是由各个组织模块基于经营业绩的压力自发进行的，可以说，这就不是"阶段性优化"，而是真正的"动态优化"。此时的激励机制，才真正充当了"指挥棒"的作用。

当我们提到应该基于经营业绩来调整团队时，没有一个老板会反对。但在现实中，由于大多组织模块的经营业绩难以显化，调整的权限依然在老板或权力部门手中，企业还是会统一进行人员调整，组织依然不够灵敏。只有让大多数组织模块都有经营业绩，且经营业绩还会影响团队利益，各个团队才会涌现出要掌握用人权的强烈动机，才会压倒企业想要统一管理的执着。也只有如此，市场化激励的威力才能最大限度地得以发挥。

根据穆胜企业管理咨询事务所的《2021中国企业平台型组织建设研究报告》，从市场化激励成熟度（IM值）来看，IM值为1级的企业占比最大，超过50%，说明过半的被调研企业激励机制都很不成熟；尽管有部分企业宣称其IM值已经达到了4级，但根据我们的定义，它们远远没有达到相应标准。

第九章

赋能机制转型

当企业搭建了三台架构，实现了市场化激励，员工就有机会且有意愿按照"小老板"的方式来做事。但是，员工的能力参差不齐，并不一定都能达到"小老板"的境界。此时，企业必须提供强有力的赋能机制，让员工快速成长。只有如此，"小老板"创业成功的概率才能大大提升。

这显然挑战了企业人力资源部门的培训职能。事实上，大多企业的这一职能模块很难说起到了人才赋能的作用。根据《2020中国企业人力资源效能研究报告》，以"是否有针对核心人才的长期培养项目""项目是否有严格的培养通关标准""是否以素质模型来量化培养效果""是否有相对成熟的知识管理"四项标准来衡量，为核心员工提供真正专业赋能的企业在3%以下。

本身孱弱的赋能水平，面对组织转型的更高要求，企业应该何去何从？

传统赋能机制的窘境

过去，企业面对相对确定的市场环境，组织内是标准化的分工，对应标准化的知识体系，标准化的培训即可实现赋能。传统赋能机制的人才产出公式如图9-1所示。

图9-1　工业经济时代的人才产出公式

资料来源：穆胜企业管理咨询事务所。

也就是说，人才究竟能不能被培养出来，一是看人才底版的质量如何，二是看课程体系是否足够标准化、精致。前者是由企业人才吸引力和招聘工作效率共同决定的；后者则是培训人的天地，于是他们编制学习地图，规划课程体系，在内外部选拔讲师……在此基础上，企业大学设立了一个又一个标杆人才培养项目，不断把课程体系"灌入"人才底版。可以说，培训工作以相当整齐而专业的方式运作，犹如一个严谨的工业体系。

但是，这种赋能机制存在两个明显的问题。

一是从员工角度看，传统赋能机制太过僵化。课程是标准化的、抽象的，但市场环境是变化的、场景化的。这带来一种尴尬，培训了的课程很难用到实践中，学会的东西好像没法用，而你也不能期待员工学会了标准课程之后自己去感悟，这种要求太高了；或者是，今天学的，明天就过时了。难怪有人感叹，"真正的方法论是在实践中打出来的"。

二是从企业角度看，运行传统赋能机制不太划算。从人才培养到人才产出，是一个量变到质变的过程，充满不确定性。这个过程中，知识不是即插即用的，同样一块知识输入进去，由于员工悟性有高低，成材率自然参差不齐。所以，总有老板抱怨自己的培训投入并没有带来产出。

一位花巨资送几十名中层管理人员入名校攻读 EMBA 的老板感叹："钱是花了，但好像没有达到预期的效果，中层管理人员的谈吐还是没有什么变化。"理性一点看，在传统赋能机制下，这种投入产出比本来就很难控制。于是，培训部门自然只能转换话术，主张"培训是吃补药，是固本强基，不能治大病"。

尽管传统赋能机制存在种种问题，但覆盖岗位上的应知应会还是能做到的。以此为基础，再导入一些经典课程，让员工"百战归来再读书"，他们不会没有感觉。看到热火朝天的授课现场，看到斗志昂扬的学员，老板也不会没有感觉。在工业经济时代，市场环境相对简单，仅仅需要企业提供标准化的产出，传统赋能机制尽管无法确保良将如潮，但至少能强化金字塔组织的效率，这对老板来说就够了。所以，尽管老板们常常会在发现企业人才不足时，"甩锅"给培训部门，但他们心里很清楚，这就是一句牢骚。

但现在，企业面对超级不确定性的市场环境，组织内也需要大量跨边界作战，这自然需要非标准化的知识体系，需要人才迅速出成，此时，传统的赋能机制肯定满足不了需求。正因为如此，培训工作才会越来越难做，学员、老板和业务部门的满意度都很难维持。

其实，先知先觉的企业培训部门已经开始行动：在输入端，竭尽所能地让内容贴近实践需求；在过程中，力图让培训形式更具代入感，行动学习、群策群力、世界咖啡[⊖]等一系列的新形式都被广泛应用；在输出端，强势要求培训转化，即要求行为改变和绩效成果。这些转变都有一定作用，但效果还是远未达到预期，因为底层理念过时了。

面对这种困境，企业最常选择的一条捷径就是"师徒制带教"。直观地说就是"师傅带徒弟"，直接基于工作场景导入最实用的知识，还能在过程中适时纠偏，这样一来不就可以迅速提升赋能效率了吗？

这种想法显然是幼稚的，它无法解决两个问题。其一，难道那些企业内的高手都愿意"教会徒弟饿死师傅"吗？这显然高估了人性。其二，难道任何一个高手都可以随意"教会徒弟"吗？这显然把教学这个事情想得太简单了，这相当于说教学不需要技巧。我至少在五个企业里看到了类似的案例，一开始老板对"全员带教"寄予厚望，但在运动风风火火开展几个月后，却突然陷入沉寂，而后就鲜有人提及此事。

仔细想想，赋能机制怎么可能如此简单？

知识流赋能的方向

我认为，这个时代的人才培养的理念应该如图9-2所示。

⊖ "世界咖啡"是一个激发联想的隐喻，它强调了自然发生的对话/交流和学习网络，使人们能够关注到组织中被正式结构、规范所遮蔽的内容。使用世界咖啡作为一种组织形象，管理者可以有意识地设计流程，利用自然动力创造可持续发展的商业及社会价值。《世界咖啡》一书已由机械工业出版社出版。

图 9-2　互联网与数字化时代的人才产出公式

资料来源：穆胜企业管理咨询事务所。

这个公式的不同在于，它最大限度地忽略了人才底版的质量，或者说，把人才仅仅看作一个 U 盘，强调人才产出是知识体系和商战淬炼的结果。

这种理念里，企业最需要突破两个部分。

第一个部分是打造自己独有的知识体系。

这已经是大多数老板痛到骨髓里的"痛点"：在某业务板块犯的错误，在其他业务板块依然会重复；在某业务板块发生的最佳实践，无法快速复制到其他业务板块。也就是说，企业成了一个"没有记忆的组织"。

在商业世界，创造高价值的任务一般都是由复杂知识驱动的，在互联网世界尤其如此。例如，一个 App 中的功能模块，背后是若干的代码；一次促销活动决策（什么产品降价多少、配什么货等），背后是基于过往数据建立的供需模型；一次拉新，背后是过去用户知觉点的提炼……

大约从 2010 年开始，我就主张企业的培训模块或企业大学应该转型做"知识管理"。今天，在企业大学"去大学化"的环境下，它们**更应该转型为"知识管理中心"或"知识赋能中心"**。

第二个部分是形成更多的商战淬炼场景。

有了成熟的知识体系,员工可以像 U 盘一样被拷贝大量的体系化知识,并且能够在实战中即插即用,此时,企业就要考虑如何将他们推入实战。这一步是"乘数效应",无论拷贝多少知识,它们都需要在实战场景里去激活,而能激活多少,在于实战的场景给多少机会。

此时,企业可以做两点突破:**一是尽量划分更多的经营单元**,让培养对象在可控的经营单元里涅槃,俗称"培养野生动物";**二是在经营单元内部实现"无限换位"**,让培养对象可以拥有更多的视角和经历,形成宏观的格局,穿透事物的表象直抵本质。这两点都是和平台型组织的转型方向一致的,相应地,也是传统的金字塔组织根本无法提供的。

上述两个方面是相辅相成的。一方面,知识体系为员工接受商战淬炼提供了底气。员工完成任务的过程,不过是将各类知识在应用场景中"变现"而已。另一方面,频繁的商战淬炼也让知识体系快速形成、丰富、迭代。员工完成任务的过程,也是创造知识的过程。

如此一来,平台型组织的赋能机制就形成一个知识流动的闭环(见图 9-3)。在知识流引擎的推送下,员工得以在这个闭环中快速萃取知识、整合知识、推送知识、变现知识。直观来看,系统能够根据不同的工作场景,自动向员工推送最匹配的知识模块;而员工在每个工作场景中,都能够迅速地萃取知识,并将其上传汇总到公司的知识体系里。

其实,这种模式与今日头条、抖音等信息流平台的逻辑相似。一方面是系统根据算法向不同的用户推动内容,另一方面是全民创作、迭代内容。只不过，在这种赋能机制里，创作和推送的不是简单的信息，而是更复杂的知识。正因为如此，我愿意将这种赋能机制称为"知识流赋能"。

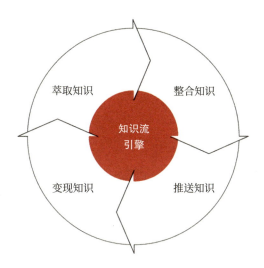

图9-3 平台型组织中知识流动的闭环

资料来源：穆胜企业管理咨询事务所。

这里有一组对比实验的数据，足以说明知识流赋能对于人才成长的影响。我们选择了穆胜企业管理咨询事务所服务的两家制造业企业⊖，在五年的周期内观察其人才成长的情况，其中，B企业在第三年走向了平台型组织，也匹配了知识流赋能的机制，而A企业则一直是传统的金字塔组织。

在指标上，我们以薪酬相对指数来衡量成长，即个人薪酬相对于企业平均薪酬的比值，这应该是比较公允的。在样本上，我们选择了四组数据进行对比，前台两组，中台和后台各一组，这样一来也相对全面。我们发现，在B企业转型为平台型组织后，各类人才的成长速度提升非常明显，平均达到了A企

⊖ 之所以选择制造行业，是为了剔除行业往上走的因素，如互联网行业里有的人才成长就并非真正的成长，而是水涨船高或拔苗助长。

业的 3 倍（见图 9-4）。

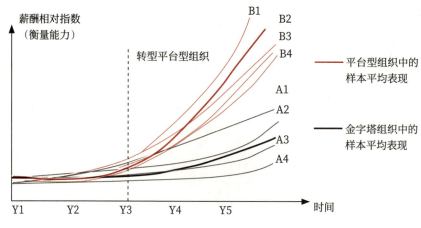

图 9-4　两家制造业企业的样本人才成长对比图

资料来源：穆胜企业管理咨询事务所。

不少企业认为，平台型组织里的人才不可能被"培训"出来。这句话没错，但并不代表他们不需要被"培训"，他们需要的可能是另一种形式上的"培养"。其实，完全在干中学中成长起来的人才，与其企业无关。人家天生就是英雄的命，企业也不能期待天天有英雄"掉"到组织里。

这里，有必要谈谈知识流赋能的设计导向。

- **知识体系**：企业内的知识能够在工作场景中迅速凝结，并被迅速推送到工作场景里供员工使用。
- **商战淬炼**：企业内有足够多的商战场景，让员工能够以经营者的视角来进行实践。

接下来，我将基于理论研究和实践验证，给出知识流赋能的成熟度模型（EM 值评估，见图 9-5），分别对上述两个维度进行描述。

赋能机制（EM 值）	状态	评级			
		金字塔组织（1级）	灵活金字塔组织（2级）	半平台型组织（3级）	全平台型组织（4级）
	知识体系	顶层总结知识，有限支撑实践	顶层主要总结知识，辅以实践创新补充，一定程度上支撑实践	实践主要是创新知识，辅以顶层总结知识，很大程度上支撑实践	实践创新知识，知识支撑实践
	商战淬炼	几乎全部的专业场景	大部分专业场景，少部分经营场景	大部分经营场景，少部分专业场景	几乎全部的经营场景

图 9-5　知识流赋能成熟度模型

资料来源：穆胜企业管理咨询事务所。

知识体系

知识体系是一个企业精心总结的理念和体系方法论的集合。在此，我们并不重点关注企业实际形成的知识成果，而是把关注点放在知识（形成和实践）的流动机制上。因为只要有高效的知识流动机制，企业获得知识成果是必然的。更何况，如果没有知识的流动机制，在快速变化的商业环境里，再优秀的知识成果也会很快过时。知识体系可以分为四个等级。

1级是"顶层总结知识，有限支撑实践"，即在金字塔组织架构中，专业极度细分，每个专业的顶层才有资格总结知识并推广应用。自然，这种知识的成果是极度抽象的，只能有限支撑实践。说到底，员工的成功更多还是靠自己的感悟，是摸索出来的。

2级是"顶层主要总结知识，辅以实践创新补充，一定程度上支撑实践"，即当组织架构开始变得灵活后，一些跨边界团队开始接触实践，出现了知识的创新，并在一定范围内推广应用。这里，具体表现为这些团队跳出传统打法，在一些领域立下的"奇功"。此时，尽管有一些知识创新，但知识的流动依然缺乏有效机制，更多采用低效的形式进行，例如，内部的标杆学习、团队交流、私下的带教等。

3级是"**实践主要是创新知识，辅以顶层总结知识，很大程度上支撑实践**"，即当组织架构开始相当灵活后，大量出现跨边界团队，在各领域频繁进行知识创新，很大程度上支撑了各领域的实践。这个阶段，跨边界作战已是主流，团队之间常常有意无意地晾晒成绩，比学赶超的氛围已经兴起，知识自然也进入了高速流动的节奏。

4级是"**实践创新知识，知识支撑实践**"，即企业完全进入平台型组织后，组织极其灵活且随市场而动，不同团队频繁应对实践，不同实践频繁创新知识。在这种状态下，知识的流动已经内化于组织的运作状态中，如果组织是肌体，知识流动就已经成了气血，甚至说，组织里每个模块的每个动作，都可能引发知识的流动。

知识体系看似一个"附加题"，企业只有在业务稳定后才会去思考，但其实这是一道"必答题"，大量企业问题（如人才不足、业务孵化成功率低等）的病灶都在这里。事实上，在大量企业调研后，我都将"知识管理缺位"作为了关键问题，而老板们也的确痛心疾首，想要尽快解决。

可惜的是，大量企业的解决方案往往是指派人力资源部或企业大学牵头，这样的方式未免有点简单粗暴。上述知识流赋能成熟度模型已经告诉我们，知识体系的成熟程度并不是由运动的雷厉风行决定的，而是由组织转型的进阶程度所决定的。反过来说，没有组织转型的推进，所有的知识管理运动看似热闹，最终都将成为一场烟花。

另外一种解决方案是，导入一个知识管理的 IT 工具（如字节跳动的飞书、阿里巴巴的钉钉、百度的如流等），希望直接解决知识管理的难题。这是非常不现实的，不是说这些 IT 工具不好，而是说它们作为载体，只能放大而不能塑造知识流动机制，不能期待它们"无中生有"。

商战淬炼

这里需要首先界定"商战"。所谓"商战"，并不等同于"实践"，而必须是从经营者视角进行的实践。所谓"经营场景"，严格区别于"专业场景"。换句话说，一个大部门的负责人得到的商战淬炼，未必有作为一个小经营单元的负责人得到的多，两者对于人才的培养方向是完全不同的。

1 级是"**几乎全部的专业场景**"，即在金字塔组织架构中，专业极度细分，每个团队或个人都被分到了具体的专业赛道里。这种状态下，大家习惯了各管一段，自然只能形成固化思维，看不到全局，思维高度不够。当前，绝大部分企业都是金字塔组织，天然只能产生专业人才，企业家自然是超级稀缺型人才。

2 级是"**大部分专业场景，少部分经营场景**"，即当组织架构开始变得灵活后，一些跨边界团队开始成立，并直接应对市场，成为相对独立的经营者，其余员工则留在原来的专业领域里。需要明白的是，在这个阶段企业尚未真正走出金字塔组织模式，成立的跨边界团队仅仅是以试点形式进行的局部尝试，根本不可能调集中、后台模块进行深度参与。这个阶段，老板的心态普遍是想"以小博大"，用一支"小部队"打出一片"大江山"。

3 级是"**大部分经营场景，少部分专业场景**"，即当组织架构开始相当灵活后，大量出现跨边界团队，而这些团队都以各种形式直面市场，整个企业里的经营场景反而看起来多于专业场景。此时，相当一部分员工并未感知到市场的力量，他们仍然留在专业场景中，但整个公司的经营氛围已经热火朝天。所以，尽管有的中、后台部门采用的依然是传统的运作模式，但它们依然有很大热情去对接市场，在内外部主张自己以专业公司的模式运作。例如，一些企业的人力资源部倾向于主张自己是专业的人力资源咨询公司，尽管这样的主张其实并不太成立。

4级是"几乎全部的经营场景"，即企业完全进入平台型组织后，其每个组织模块都以某种形式直面市场，整个企业内部都是经营场景。此时，每个岗位的员工都会被迫改换成老板视角，这个由不得他们选择，也不靠自觉性。反过来说，即使有的员工抵制经营场景，想要固守专业思维，他们也会被迅速倒逼离开，因为每个组织模块都是以经营业绩来说话的，不能为经营业绩贡献的人自然被视为失败者。

在互联网和数字化时代，不少老板喜欢倡导创业精神，要求员工有老板视角。还有些老板主张，在每个专业赛道里也要有经营意识，下道工序就是用户。表面上看，这没有什么不对，但实际上，这种主张是不切实际的，员工不会因为这些主张就成长为"小老板"。

在传统金字塔组织中，专业极度细分，员工各管一段，商战场景是稀缺品，员工不可能有老板视角。只有随着组织转型的推进，市场的力量才能渗透进组织，每个组织模块才能够面对市场，产生真正作为"小老板"进行经营的感觉。

这里有个很生动的例子，大家公认江浙人很会做生意，但其实这并非智力或个性特征形成的结果，而是组织模式形成的结果。因为江浙人以家庭为单位，每个家庭都是一个经营单元，从事特定的商业项目。说到底，长期的商战淬炼，让江浙人从小耳濡目染，形成了这个群体人才成长的结果——会做生意。

相对组织结构和激励机制，赋能机制是最容易被忽视的部分，也是建设得最不成熟的部分。根据穆胜企业管理咨询事务所的《2021中国企业平台型组织建设研究报告》，几乎所有企业的知识流赋能成熟度（EM值）都处于1级，这已经成为制约企业组织转型的重要原因，也是企业接下来应该重点关注的领域。

附录 2

组织调整的五种套路

组织跟随战略。在不确定的年代,企业的战略频繁变换,组织结构自然也会调整适配。尽管这些组织调整被冠以"转型"或"变革"之名,但始终都没跳出金字塔组织的逻辑,更像是固定组织模式下的修修补补。

总结起来,无非就是以下五种套路。

套路 1:重组前台部门

前台部门,就是"打粮食"、赚利润的部门,财务上定义为利润中心。

这里的调整分两类:一类是防守,即裁撤低效率的前台部门或单元,俗称"关停并转";另一类是进攻,即集中资源整合为新部门,校准目标市场,俗称"聚焦火力"。当然,更多的时候,两者是同时启动的,一边拆旧的,一边建新的。

市场总在变化，有新市场出现，有旧市场被证明是无效的，这就必须在组织上重新派兵布阵。如果考虑到当前市场的超级不确定性，企业为什么频繁进行前台重组就很好理解了。典型的例子是美团，在王兴的战略布局呈现全貌之前，各业务模块调整，有关的、有建的、有分的、有合的……这正是因为每个阶段，王兴对于用户的认知都在迭代。

先说"关停并转"。关停并转，大量企业都是因为市场整体缩量。近期，新城控股将旗下住宅开发的14个大区与商业开发的4大区域，整合成10个大区；花样年也将五大区域之一的华北区域关停，业务进行了属地化划转……其实，这些都是房地产市场在宏观趋势下降速、缩量之后企业的自然反应。相似的消息来自互联网行业，2021年下半年，字节跳动在教育、游戏、本地生活、房产业务上均被曝出裁员，这也是在"关停并转"。2021年11月，海底捞被曝出大量关店，也是这种逻辑。

再说"聚焦火力"。这种调整还是因为对于市场的理解产生了变化。2021年12月6日，阿里巴巴宣布设立"中国数字商业"和"海外数字商业"两大板块。据了解，内需、全球化和云计算是阿里巴巴的三大战略，成立相应的部门来对接战略，显然是必要的一步。以"中国数字商业"为例，其整合了大淘宝（包括淘宝、天猫、阿里妈妈）、B2C零售事业群、淘菜菜、淘特和1688等业务，显然是协同各模块优势资源，针对用户群提供一体化解决方案，这大有和几个主要对手刺刀见红的意思。

"关停并转"还是"聚焦火力"，关键在于对市场的判断，这是一切的原点，决定了企业应该如何动刀。对于这一块的调整，老板往往是最坚定的，因为这个领域的"组织"直接映射出他们看到的"市场"。他们的预设自然是：简单调整组织之后，就能匹配市场需求，产出业绩增量。这种设想问题不大，现实的确如此。

其实，对前台部门的调整，最能看出老板的性格。有的老板是既要、又要、也要、还要，一边设立新部门，一边又舍不得取消旧部门，结果导致有限的兵力像"撒胡椒面"一样分散在不同市场里，结果自然是一团糟。这种老板，要么是对市场没有判断，要么是性格唯唯诺诺。

套路 2：重组业务中台部门

业务中台部门，就是提供业务共用件支持的部门，财务上定义为成本中心，如销售中台、市场中台、供应链中台、生产中台等。⊖

这里的调整也分为两类：一类是防守，即从业务部门中抽取共用件，组建或做强业务中台部门，俗称"建中台"；另一类是进攻，即将业务中台部门的部分职能下放至前台部门，精简中台架构，即"拆中台"。

先说"建中台"。当前台业务发展比较稳定之后，企业通过"建中台"来收权是必然的。这既是为了管理的规范性，也是为了管理的经济性。

举例来说，原来不同业务部门都要单独配销售部门，但业务部门稳定后，发现面对的客群都是一个，销售力量可以整合为一个团队，面对统一客群销售全系产品，此时就需要设置销售中台。这种调整的结果是：一方面，销售策略和流程统一，规范性提升；另一方面，销售人员变少了，销售空间变大了，经

⊖ 其实，叫不叫"中台"这种时髦词汇都不重要，这种抽取前台共用件组建部门的方式就是组织设计的基本原理，并不是互联网和数字化时代的专属。

济性提升。

再说"拆中台"。当前台业务发展处于探索期时，企业通过"拆中台"来授权也是必然的。这既是为了企业的灵活性，也是为了客户的体验感。

举例来说，原来企业用大一统的供应链部门来为业务提供支持，但发现各地的业务场景不同，统一的供应链服务无法满足需求，此时就需要让供应链职能下沉到前台。这种调整的结果是：企业能够根据当地市场的需求进行供应链调整，更好地满足客户需求。

阿里巴巴此次新设两大板块，张勇也宣布公司升级"多元化治理"体系，并称初衷是"为了在各个业务领域用更清晰的战略蓝图、更敏捷的组织面向未来，真正创造长期价值"。这种敏捷组织的实现，就是依赖向事业群或事业部进行大幅度授权。在阿里巴巴 2015 年的"中台战略"之后，"多元化治理"成为全新的组织战略，其实就是一种物极必反的必然。

"建中台"还是"拆中台"，关键仍然在于对市场的判断，这还是一切的原点。当然，每种调整都是选择一边放弃另一边。

选择"建中台"，看似拥有了管理规范性和经济性，但却可能造就更大的官僚主义，自然无法灵活应对市场，无法提升客户体验。例如，2010 年，海尔在改造"倒三角组织"时，曾经尝试将若干职能放入二级经营体（也就是现在所谓的"业务中台"），向前台的一级经营体小团队提供服务，结果前台的"小团队"根本无法驱动中台的"大部门"，自然无法灵活作战。类似例子并不鲜见，2000 年前后，中兴通讯和华为也有过类似经历，中兴通讯的一名中层称："（中台）体系里都是大爷，要调动资源得使出十八般武艺。总之，爱哭的孩子有奶吃。"

选择"拆中台",看似拥有了企业的灵活性与用户体验感,但却造成了前台部门的失控,也会浪费大量的成本(人工成本和其他)。例如,我观察或服务过的大量企业都会因为执着于增长而大量放权,造成了前台部门的藩王思维——我就是给集团"交点租子"的独立王国,这是老板最不能接受的。除此之外,授权之下前台部门的"疯长"是必然的,形象点说,放出去的时候是一个"连",收回来的时候就是一个"军"了。

套路 3:职能后台瘦身

后台部门,就是确定企业游戏规则(人、财、法等)和提供底层资源的部门,财务上定义为费用中心。

随着业务规模的增长,企业必须有清晰的规则和充足的资源,后台职能部门扩张是必然的。但这种扩张应该的下限在哪里,上限在哪里,一般企业是说不清楚的。而职能后台又是掌握权力的部门,它们要编制相对容易,"精细分工实现专业化"又是一个再好不过的理由。于是,这个部分的臃肿是必然的,没有例外。

根据穆胜咨询《2021中国企业人力资源效能研究报告》,中国企业职能后台的扁平化指数普遍低于1,人员超配现象非常严重。对于有些企业,我们都不能说这个"金字塔"是大了还是小了,根本就是"埃菲尔铁塔"。夸张点说,这个领域冗余无限,大胆砍,问题不大。

事实上，已经有企业在行动了。2021年12月7日，字节跳动正式撤销人才发展中心。字节跳动的内部邮件提及："一是发现现有团队与公司的需要脱节；二是团队累积的技能和经验，一段时间内也不太符合公司的需求方向。"他进一步强调："从组织精干的角度，我们不仅要回看个体与团队的产出是否足够，也要复盘和反思'职能'本身是否有价值，如何发挥价值。"还有一句让人脊背发凉的"点睛之笔"——"对着职能去肥增瘦，可能才更加有效，我们要避免久而久之，一些部门和团队的工作变成'过家家'的游戏，员工很忙，部门空转，但实际上没有创造很大价值，不仅浪费公司资源，也制造很多噪声，浪费其他员工的时间。"

朋友们可以扪心自问，我们把上面的字节跳动换成其他大厂，换成自己的公司，张一鸣的话又是否成立呢？

职能后台做大了，必然"骚扰"业务，但职能后台瘦身，就一定合理吗？其实也不尽然，这种瘦身也可能让职能部门变得更加弱小，只能用更加"一刀切"的方式来应对业务需求，导致企业"龟缩"，限制业务成长。

当然，不少老板之所以坚定地"砍"后台职能部门，还是因为他们的强烈不满。他们认为，原来职能部门就是"一刀切"的管理方式，这种瘦身并没有带来管理上的任何损失，相反，让他们变弱就是在让前、中台变强。

但我想说的是，这种方式并非长久之计，职能部门的弱小会让企业变成四肢发达、头脑简单的物种。砍掉无效的职能部门或局部模块，没有问题，但企业更应该思考如何建设有效的职能部门，这才是正解。

套路 4：调兵遣将

如果说前面三项都是"排兵布阵"，那么，后续的动作就是"调兵遣将"。

伴随着企业的组织结构调整，干部调遣是必然的。有个默认的组织规律是，如果干部不挪窝，他们还会有原来的本位主义和思维定式，新部门依然会用老方式来运作，组织可能就白调整了。干部挪挪窝，可以让大家对工作产生新鲜感，以全新思维和状态开展工作。

至于在挪窝时如何调遣干部，逻辑就简单多了，无非按照将领的特点安排其最能发挥特长的位置。通俗点讲，大将带精锐部队打大仗，小将带散兵打小仗。老板一端要分清楚仗的大小，另一端要认清楚将的大小，哪一端没有做好，调兵遣将都会是一团糨糊。

调遣干部时，最能看出老板心中业务和干部的分量。说玄妙点，有人升了，实际降了；有人降了，实际升了。组织变换之际，一些隐蔽的用人安排，让老板的心思被放到了台面上，谁是老板的人，是不难看出来的。

当然，调兵遣将还有两层深意：一是"干部换防"，防止干部在一个地方待久了形成山头主义，出现"下面听大哥的不听老板的"。二是"培养人才"，让干部经历多岗位的历练，提升格局，加载技能包，以至于可担大任。

调兵遣将并不仅仅是在现有干部队伍中调整，必然伴随着老将离岗和少将上位。少将上位是好事，但老将如何离岗呢？这个也有套路。大量企业习惯建一些空闲部门，如人才储备中心、参谋部等，把一些不用的将放进去，既为其保留了待遇，又为其维护了尊严。这也是一种有人情味且能减少阻力的处理方式。

套路 5：文案"上价值"

除了上述四种实际的调整，用文案"上价值"也是老套路，不足为奇。

千万不要觉得这是虚招，对于组织调整这种大事，要给每个员工解释清楚理由是很难的，喊口号是比较简单有效的办法。

这里最会抛文案的，当数万科。2018 年，万科喊出"活下去"的口号，引发房地产一片哗然。2021 年，万科继续上文案，高喊"节衣缩食""战时氛围"。文案开路，氛围拉满，排兵布阵和调兵遣将都不是问题。

相较之下，花样年喊出"瘦身""给组织减脂、去臃肿"等文案，就显得平庸很多了。仔细分析万科的文案，有 50% 以上的文案都是对仗工整的，尾音还全程单押。如"船长水手一条心，同心同路向前行""明确目标不慌张，时刻准备打胜仗""全力以赴不撤退，要事优先靠智慧"……文案有个特点，一旦押韵，就显得特别有道理。这波文案，万科再次笑傲地产圈。

除了上述有关组织调整整体氛围的文案，我在这里也整理了一些局部调整的文案，都是大厂提到过的，铿锵有力，供各位朋友"抄作业"：

◎ 前台部门调整——校准目标、饱和攻击、重装上阵，以用户为中心……
◎ 业务中台调整——赋能一线、服务意识、交付意识、产品意识、下道工序就是用户、一站到底……
◎ 后台职能调整——精兵简政、去官僚化、原动力、炮火支持一线……

套路之外的真正答案

绝大多数企业高层都很清楚，上述套路式的调整只是一次次折腾，一定可以达成短期效果，但也会形成新的问题，就像每种美好都有"月之暗面"。从这个意义上讲，所谓组织调整只是一次次地在收权与放权、裁撤与新建之间的"循环折腾"，始终没有跳出金字塔组织模式。

但与此同时，他们必须让员工对这些调整充满希望。例如，阿里巴巴张勇称："希望通过更多新型治理方式的探索，始终用生产关系的先进性来驱动先进生产力的释放，用组织的创新去驱动业务的创新。"真的是组织创新吗？不见得。从调整的逻辑上看，此次的"多元化治理"依然逃不出上面的几个套路。

对企业高层来说，高屋建瓴的话是必须喊出来的，尽管他们的心里也未必认为这是组织创新"真正的答案"。

在陪若干企业经历了一次次的折腾后，我虽然不会否认短期调整的必要性，但更愿意看到更远的地方。我坚定地认为，"真正的答案"不会是上面的套路，必然是跳出金字塔组织模式的重生——平台型组织。只有这种组织模式才能让部门、团队、个人成为经营单元，在平台的激励与赋能下，用市场化的方式去创造用户价值。也只有这种组织模式，才能让企业同时达成管理规范性、管理经济性、企业灵活性和用户体验感，解出过去那道"无解的难题"。

不少企业认可我的观点，表示自己正在向平台型组织转型，甚至为自己的"新组织模式"给出了更加炫酷的命名。但回到操作上，它们中的绝大多数，采用的依然是上述五大套路。说白了，某些大厂所谓的组织创新，只是画了一幅"意境图"。

下 篇

平台型组织转型实操

明确了平台型组织的建设方向,我们需要进入实操,任何不能被实操检验的理论设计都是空中楼阁。

在三台架构、市场化激励和知识流赋能三个方向上,本篇分别给出了三台架构的组织结构全景图、皮姆矩阵和创客知识黄金圈三个基础模型,搭建了我对于三个变革方向的理解框架。换句话说,我希望用这些基础模型让读者进入与传统金字塔组织不一样的世界,尝试用不一样的角度来理解组织模式设计的更多可能性。

基于这些变革框架,本篇也尽可能地给出了可落地的操作模型,如 FILL-CD 架型、MMSTT 模型、滑梯模型等,尽量填充了实践的每一个细节。这些方法论都来自穆胜企业管理咨询事务所团队的一线实践,既是我们带血的经验,也是我们最佳实践的总结。

本篇也明确提出,转型平台型组织破局的关键是组织中台的双 BP 团队。某种程度上,双 BP 的底色决定了组织模式的底色,它们做"一刀切"

的管控，企业就是金字塔组织，它们做激励和赋能，企业就是平台型组织。事实上，我们研究的若干一线企业，已经开始对于双 BP 进行重新定义，要求这两个角色能够基于业务建立专业模型，实现人才流和资金流的最佳配置。这种要求之高的确挑战了现有的双 BP 团队的能力，但也毫无疑问是大势所趋。为此，我也给出了这个群体的转型路线图。

在互联网与数字化时代，组织转型已经不是一道选择题，而是一道必答题。但在具体的路径选择上，企业却并非仅有一个选择。本篇给出了更多的可能性：企业既可以选择激进疗法，按照"三台架构→市场化激励→知识流赋能"的路径实施，也可以选择保守疗法，按照"知识流赋能→市场化激励→三台架构"的路径实施。对于一些价值理念和战略内核尚未澄清，管理基础尚未建立的非成熟企业，我也真诚相告，建议其暂时放弃组织转型，先建设健康的金字塔组织。

第十章

三台架构

平台型组织的组织结构应该走向三台架构,这一观点似乎在商学两界已经得到了共识,但关于如何搭建三台架构,各方众说纷纭。

深究这一领域会发现,诸多观点尽管来势汹汹,但几乎都是在传统金字塔的架构上做改良,并没有给出一套让人信服的解决方案。再穿透到局部,在前、中、后台的每个模块里,当前的主流观点几乎都是在隔靴搔痒,不仅普遍欠缺有洞察力的判断(正确的废话),更缺乏可落地的操作方法(泛泛的空话),有的主张甚至对实践有明显的误导(无知的错话)。

下面我给出经过穆胜企业管理咨询事务所团队实践后总结出来的一些认识。

三台架构全景图

把前面关于三台架构的概念图展开,我们可以得到一张平台型组织的组织结构全景图①（见图 10-1）。这个图将传统金字塔组织里的各个模块按照新的逻辑进行了切割和组合，它也清晰地说明了整个组织为何是"以用户为中心"而非"以领导为中心"的。

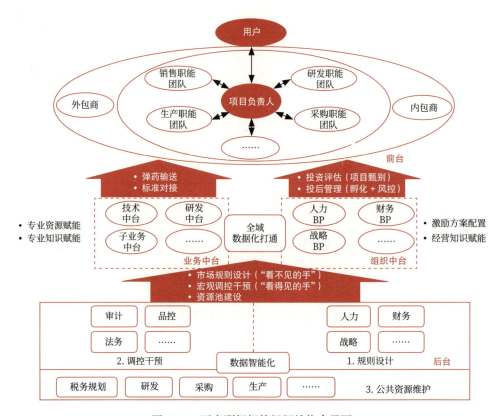

图 10-1 平台型组织的组织结构全景图

资料来源：穆胜企业管理咨询事务所。

先看前台。

前台作为"打粮食"的团队，实际上是以项目负责人为中心，连接若干职能

---

① 这个模型的初版首次出现在拙著《释放潜能：平台型组织的进化路线图》中，而后在拙著《平台型组织：释放个体与组织的潜能》中进行了更新。

角色形成的小团队。项目负责人负责交互用户，获得市场刚需，而后再组织各个有必要加入的职能角色，形成一个并联团队，以便实现"创意到货币"的闭环。

除此之外，前台小团队还可能因为功能受限，无法实现生意的闭环，此时，他们就需要内包商和外包商提供的产品或服务。如此一来，在内圈的并联合伙关系（partnership）外，外圈又形成了串联的外包关系（outsourcing）。两种关系都是市场关系，这部分员工都能直接感受到市场的压力。

再看业务中台。

业务中台负责把后台的资源变成弹药输送给前台，具体有两方面的工作：一方面负责产出资源的中间件，即弹药的输送；另一方面还需要派出 BP 进入前台团队，负责这些中间件的落地和本地化调试，即标准的对接。从赋能的角度看，前者是专业资源赋能，后者是专业知识赋能。

再看组织中台。

组织中台负责把后台的"一刀切"政策变成落地方案配置给前台，这主要通过人力、财务和战略等角色的 BP 来实现，具体有两方面的工作：一方面是基于业务流需要配置资金流和人才流，说清楚项目做到什么程度能获得什么预算，项目成员能获得什么激励，这实际上就是激励方案的配置；另一方面，在进行了投资以后，企业也不能"一放了之"，而是需要从人力、财务、战略等专业角度进行辅导，实际上就是经营知识的赋能。如果把企业看作投资机构，把前台看作被投项目，前者的工作相当于"投资评估"，后者的工作就相当于"投后管理"。

最后看后台。

后台是企业作为平台的大底层，决定了企业能否分形出更多的"小公司"。

按照平台型组织的定义，实现这一目标需要两个显性条件[一]：一是要有好的资源洼地；二是要有好的分享机制，也就是要定好基本的游戏规则。其实，这两个部分就是"源头之水"，如果资源池贫瘠，如果游戏规则封闭、僵化，前、中台已经没了空间，再怎么进行精巧的设计也是徒劳。如果后台建设科学，其就可以通过各种形式裂变出两类中台，自然也更有把握赋能和激励前台。

在上述三台架构的连接逻辑背后，还有一条不容忽视的暗线——数字化。当组织架构开始柔性化之后，数字化就有了足够的发挥空间。道理很简单，原来的金字塔组织中的部门是封闭的，专业逻辑只需要"黑箱运作"就好，而现在的平台型组织中三台架构相互嵌套，专业必须通过数字化的方式打通，才可能形成运行的效率。正是基于这种考虑，我坚持认为平台型组织转型是数字化转型的前提，否则，数字化工具与企业的实际运作始终是"油水分离"。

在与企业交流平台型组织的过程中，有人经常问，"穆老师，这个部门究竟应该属于前台、中台，还是后台""这个岗位应该属于哪个部门"，其实，这些问法就显得外行了。在这个全景图中，各种职能被拆分到了三台架构里，分别有不同的定位。以研发职能为例，技术研发看长期目标，是处于最底层的资源池，属于后台；产品研发看中期目标，负责输出中间件产品，属于业务中台；交付研发（交付工程师）看短期目标，负责对中间件产品进行本地化以实现交付，属于前台。一个职能在金字塔组织里自然属于一个部门，而在平台型组织里则被分拆为三个组织模块，相互之间还有嵌套关系，两者设计组织结构的逻辑完全不同。

[一] 这里，价值理念和战略内核是不需要去推敲的：价值理念由分享机制来证明，老板心态越开放，企业就越有与员工进行分享的诚意；战略内核由资源洼地来证明，老板战略越明智，企业就越能打胜仗，也就越有丰厚的资源储备。

有时企业内的某个职能也并非一定要"三台化"，还是要看企业对这个职能的定位。例如，一个缺乏底层技术突破，以整合研发作为主要创新手段的行业，企业仅仅需要设置研发中台，基于行业通用技术提供产品设计即可，再由前台的交付研发进行落地。此时主打的就是研发的灵活性，研发职能就只有"两台"。再如，一个产品高度同质化的行业，中、后台研发部门的设置没有意义，只需要在前台有交付研发即可。此时主打的核心竞争力可能就是销售职能，研发的定位只是支持交付来配合销售，研发职能就只有"一台"。

前台双层生态

关于如何建设前台，前面我们已经辨析了那种"一味求小"的错误观念。应该认识到，我们尽管追求前台轻巧，但其必须形成一个功能上的闭环，只有如此，前台才能够跑起来，才具备在市场上强于对手的竞争力。

其实，主张给销售高手或小销售团队足够的授权，让他们获得类似包销提成制的激励，希望他们以英雄的姿态为公司打粮食，本质上就是我们最反对的"闭着眼授权""悬赏英雄"。这类人值得被授权和激励，但对于组建前台来说，这还远远不够。

举例来说，一个在华为从事销售的年轻人，看似不起眼，但在 to B 市场的打单能力很强。从经验和能力上看，他肯定不如竞争对手公司经验丰富的销售员，但他呈现在客户面前的专业性碾压对手。其中的原因就在于，他是调动了整个公司的力量来支持自己，客户关系专员、技术专家、交付专家等都与他紧密联系；竞争对手的销售员尽管经验丰富，但他要面对内部的部门墙、隔热层，很大程度上只能依靠自己的单打独斗。

前台团队的组建完全基于市场需求，团队角色的构成和规模的大小都应该校准市场。例如，一些团队需要市场职能来形成局部的品牌推广，用品牌来拉动销售；另一些团队则认为公司的品牌已经足够强大，无须再进行推广，更愿意选择销售职能加入团队，直接杀单。再如，一些项目面对的市场环境相对简单，需要一个市场职能的接口人加入即可；另一些项目面对的市场环境较为复杂，需要一个市场职能团队的加入。又如，一些项目将市场职能视为核心职能，需要将其纳入内圈；另一些项目则认为市场职能提供标准化服务即可，于是将其留在外圈。

内圈是核心创业团队，哪些职能角色应该进入内圈呢？在《平台型组织：释放个体与组织的潜能》一书中，我曾经提出以"资源重要性""（资源方）议价能力""交易频率"作为标准来进行判断。这些标准基于交易成本经济学理论，本身没有问题，但为了让这种标准更容易应用，我在实践中提出了**"FILL-CD 模型"**，也被称为**"CD 架模型"**（见图 10-2）。

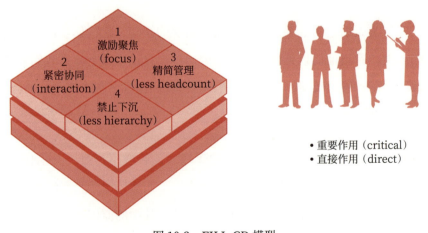

图 10-2　FILL-CD 模型

资料来源：穆胜企业管理咨询事务所。

首先，应该明确团队的架构思路，即**"FILL 原则"**：

◎ 激励聚焦（focus）——核心创业团队直接分享创业成果，团队小，激励才有力。如果职能角色太多，会形成"撒胡椒面"的效果，导致激励耗散，每个角色都会寄希望于"搭便车""吃大锅饭"。

◎ 紧密协同（interaction）——进入核心创业团队的人应该需要协同，如果仅仅是提供标准化的输出，就不用放在内圈。

◎ 精简管理（less headcount）——这也是一种小团队的导向。如果职能角色较少，但每个职能团队中人数较多，同样会形成"撒胡椒面"的效果，导致激励耗散，每个人都会寄希望于"搭便车""吃大锅饭"。此外，这种模式更导致了管理的难度，会极大程度地考验项目负责人的水平，极有可能导致项目不成功。

◎ 禁止下沉（less hierarchy）——前台内圈的团队最多不能超过三层，即项目负责人、职能团队负责人、职能团队参与者。为什么要这样设计呢？平台型组织遵循一种后面将谈到的"漏斗式分享"，项目必须赚钱，个人才能得到激励。在三层架构的组织中，大家都想得通。但如果扩展到四层甚至更多层的架构，要底层人员承担项目结果，就会显得不太公平，因为他们对项目的影响极其有限，这样的责、权、利设置是不对等的。

上述原则形成了一个前台内圈的架构，而后，应该往里面放什么样的人呢？这就是"CD原则"：

◎ 重要作用（critical）——这一职能角色对于项目的商业成功有很大的作用，换言之，当它发挥好的作用，项目的经营业绩可能井喷，但它发挥不好的作用，项目的经营价值可能崩塌。

◎ 直接作用（direct）——这一职能角色应该对项目的商业成功有直接的作用，换言之，这个职能角色稍微发力，项目的经营业绩很快就有明显提升。所以，那种起固本强基作用的职能角色不能放入内圈。

按照上述原则，内圈核心创业团队的职能角色应该锁定在 7 个以内，这是我们在实践若干项目后得出的经验。事实上，不管是什么生意，7 个职能角色已经基本能够涵盖 80% 以上的项目成败因素。

外圈是核心创业团队之外的周边生态，以外包的形式提供产品或服务支持。这个生态究竟应不应该搭建，要看几个条件是否成熟，判断标准是我提出的"MMSTT 模型"：

◎ 供应商众多（more suppliers）——上游多个玩家，甚至已经形成供应生态，防止出现单个供应商垄断的现象。

◎ 购买者众多（more buyers）——下游多个玩家，甚至已经形成购买生态，防止出现单个购买者垄断的现象。

◎ 标准清晰（standard）——关于交付有相对公允的行业标准，不必针对标的形成争议，使得交易流畅进行。

◎ 价格透明（transparent）——对于每种交付标准，都有清晰的价格对应，使得交易流畅进行。

◎ 趋势明显（trend）——上述四个趋势会随着业务的开展而越来越明显。

其实，将外圈的生态搭建得更加成熟，不仅能够让内圈的核心创业团队得到更专业的支持，也能让团队更加精简、灵活、充满动力。自然，内包商和外包商的成熟，来自中、后台体系的高水平运作。

业务中台碎片化

业务中台负责向前台输出资源的中间件，以提升资源的配置效率，这是大多企业的设计初衷。我曾经做过一个比喻：糖醋排骨、鱼香肉丝、松鼠鳜鱼这几道菜,都需要糖、醋、生抽、老抽、淀粉等调料做成的糖醋汁,于是,可以提前调制好糖醋汁,在做某道菜时直接加进去。业务中台,就应该负责造"糖醋汁"。

但现实中,大多企业的业务中台存在严重的官僚主义。道理很简单,在市场环境极度复杂的情况下,中间件很可能不匹配前台作战的需求,而此时,业务中台如果以专业为中心,很难自我调整。于是,业务中台反而降低了资源配置的效率。

仔细想来,当下企业建设业务中台的思路可能存在一定的误区,或者说,太多企业低估了业务中台建设的难度。

1-2级都是金字塔组织模式,业务中台的建设难度并不大(见图10-3)。工业经济时代的标准市场自然很容易应对,即使市场过渡到变化市场,底层的需求依然是标准化的,完全可以通过打造业务中台的方式进行封装交付。此时,业务中台只要听取市场用户和一线业务部门的声音,用巧思设计一个能够匹配各类业务的中间件即可,它们的专业性体现在这个地方。这是一种简单的"模块化"(modularity)思路,直观来看,就是把产品或服务做成乐高积木一样的形式,方便自由组合。

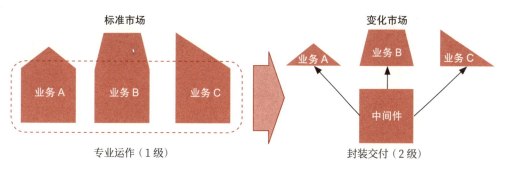

图10-3 工业经济时代的业务中台进化思路

资料来源:穆胜企业管理咨询事务所。

正是在这种思路下，业务中台部门都喜欢封闭运作，希望一线需求明确、稳定，不要五花八门、朝令夕改。它们会要求业务部门提供正式的需求文档（来过滤伪需求和变动需求），有时甚至会躲着业务部门，因为在它们的眼中，业务部门的需求基本"都不靠谱"。

据我的观察，80%的业务中台部门都以"封装交付"作为自己部门定位的终点。它们没有意识到，互联网与数字化时代的市场环境已经变得相当复杂，这种定位其实已经过时。当它们将一片注定被水淹没的小岛作为家园时，它们的价值迟早会被时代淹没。

真正有远见的业务中台部门一定会走向3-4级的**"业务中台碎片化"**，这才是真正的挑战（见图10-4）。当复杂市场出现后，业务中台部门不能再坚持仅仅提供一种中间件，将所有的调整压力都推给前台，而是应该首先就对自己的中间件进行碎片化。所谓"碎片化"，实际上是一种更细致的"模块化"，业务中台部门用这种思路，让自己的产品或服务能以乐高积木的形式随意拼接，从而更具柔性，匹配了市场的需求。

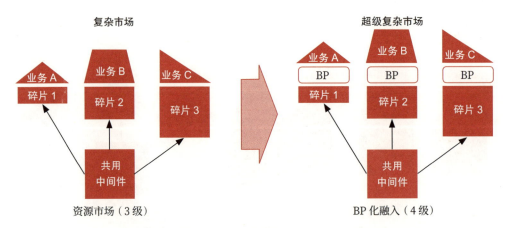

图10-4 互联网与数字化时代的业务中台进化思路

资料来源：穆胜企业管理咨询事务所。

这个程度做到极致，实际上就是一种"资源超市"，产品或服务的中间件林林总总，定价清晰，极大程度地支持了前台作战，匹配了复杂市场。不少企业都曾经提出过类似设想，但几乎全军覆没，原因何在？其实，我们千万不要高估业务中台部门的专业性，长期的专业主义思维可能禁锢了它们，导致它们没有能力落地这种设想。

现实中，真正认真思考过业务逻辑且能够解构业务逻辑的业务中台部门，确实不多。更可怕的是，一些业务中台部门甚至连业务的标准化都没有做到，其实现的所谓"封装交付"，实际上是基于部门业务能手的个人能力和感觉来支持的。组织中台的碎片化是一个照妖镜，照出了这些部门原本脆弱的专业能力。

当超级复杂市场出现后，资源超市已经不能满足用户的个性化需求，业务中台碎片化必须进入下一个阶段。此时，业务中台部门需要主动派出 BP，进入一个个项目里做交付，做到"扶上马、送一程"，让柔性的中间件得以落地。不仅如此，他们也充当了业务中台部门的传感器，将市场的信号和前台部门的使用体验进行及时反馈，从而确保产品或服务的中间件保持动态迭代。

做到"BP 化融入"这一级，前台、业务中台 BP、业务中台母体这三个层面已经形成了"三级缓冲"，每一级都能够在某种程度上理解市场需求并调整产品或服务。也只有如此，才能最大限度上校准企业的交付与市场的需求，让企业以既有的资源获得最大的竞争力。

组织中台双轮驱动

组织中台是最有趣的一个存在，对于大多企业来说，你说它没有吧，好像又有，你说它有吧，好像又没有。财务和人力 BP 的角色，在大多管理相对成熟的企业中是已经存在的，但它们却并非我们谈及的组织中台。其实，这就是大多企业转型艰难的症结所在。这个部分太重要了，他们的底色很大程度上决定了组织模式的底色，他们做"一刀切"的管控，企业就是金字塔组织，它们做激励与赋能，企业就是平台型组织。

穆胜企业管理咨询事务所的《2021 中国企业平台型组织建设研究报告》提供了一组比较有说服力的数据：不设组织中台的企业，其组织结构和激励机制都相对滞后，OS 值和 IM 值大量集中在 1-2 级；设置组织中台的企业，上述指标更多分布在 2-3 级。

进一步看，如果没有成熟的组织中台，老板根本不敢向下授权，企业就会始终在"一管就死，一放就乱"的陷阱里打转。从这个意义上说，组织中台也是老板的安全感所在。

真正的组织中台应该包括战略、财务、人力等 BP 角色，但考虑到大多企业尚且处于初级阶段，我们仅以财务和人力 BP 为例，说明这个组织模块如何跳出传统的定位，发挥其在平台型组织中的作用。说到底，在大多成熟的企业中，我们并不需要搭建这支已经存在的队伍，我们只需要给他们的新定位提供一套方法论。

我曾经多次强调，组织中台应该以"投资评估"和"投后管理"作为定位，我也曾列出过在这两个阶段进行激励、风控（负激励）和赋能的具体职责。对于这些指南，愿意转型的财务和人力 BP 并没有太多的疑问、让这种定位和职责无法落地的，实际上是两者之间合作界面的模糊。

对于每项职责，财务和人力 BP 各有基于各自专业的理解，由于没有界定好合作界面，大家很难同频共振。当分歧出现又很难解决时，双方都会习惯性地往后退，这就形成了两个角色之间的"角色墙"和两个部门之间的"部门墙"。例如，我们强调在项目发起后，组织中台应该基于业务战略的执行情况，提供定向赋能，确保业绩达成。但在我们辅导的某家公司，就出现了双 BP 的矛盾。财务 BP 认为，自己仅仅需要根据实际的财务表现，计算出现状与目标的差距就好，而人力 BP 则认为这种行为是不创造任何价值的推卸责任，做个简单的加减法，谁不会？

我们尝试过在每条职责里界定双 BP 的协作界面，但总是很容易陷入一事一议的尴尬。经过若干次实践后，我们发现了双方协作的底层逻辑——财务和人力 BP 协作的滑梯模型（见图 10-5）。如此一来，我们就不再需要深入每条职责，而仅仅是要求双 BP 遵循这种规律即可。

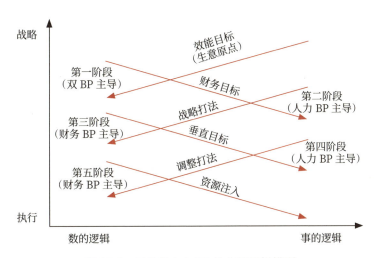

图 10-5　财务和人力 BP 协作的滑梯模型

资料来源：穆胜企业管理咨询事务所。

◎ **第一阶段：效能目标（原点）→财务目标（数），财务和人力 BP 共同主**

导。基于企业的人效和财效要求，[注]推算出几组"作战可能性"。每一组里都有明确的财务目标和能够获得的资源量级。团队负责人可以带领其他成员进行理性选择，避免无意义的畅想。

◎ **第二阶段：财务目标（数）→战略打法（事），人力 BP 主导**。基于企业与项目团队达成共识的财务目标，人力 BP 发挥指标分解的特长，协助项目团队将这个大数字分解为具体的几个战略打法（动作），然后落到每个职能上。

◎ **第三阶段：战略打法（事）→垂直目标（数），财务 BP 主导**。基于几个战略打法，财务 BP 发挥量化的特长，将这些战略打法指向的目标变成具体的数字（例如，酒店如果增加早餐品类，会带来多大成本费用，形成多大的收入），而后，财务 BP 根据这些数字，再推导总的财务目标达成的可能性。

◎ **第四阶段：垂直目标（数）→调整打法（事），人力 BP 主导**。基于前一阶段的分析，项目团队应该能够发现不能有效支撑财务目标的垂直目标中的异常数值，即投入产出比相对低下的战略打法。此时，就需要人力 BP 再次介入，牵头进行补充的战略解码，或者对团队进行动态优化，通过"换思路"或"换人"来对团队的路线进行修正。

◎ **第五阶段：调整打法（事）→资源注入（数），财务 BP 主导**。如果打法调整就能解决问题，就不需要这一步；如果修正后的打法需要不同的"资源"支持，或者资源少了，或者资源不匹配，那么就需要财务 BP 介入进行调整。无论是人才引入，还是设立专项奖励，抑或是增加广告

⊖ 所有企业老板的生意逻辑都可以归结为人效和财效要求，即投入什么来换取什么，只不过，有的企业里老板有明确指令，而另一些企业里老板不能或不愿在这方面给出明确信息。这里，财务和人力 BP 应该首先明确这两个要求，而后才能确定如何作战，即具体投入什么资源来换取什么收益。当然，这可能涉及后面要谈到的后台的变革。

投放方，本质上都是在产生成本费用，这一部分需要财务基于分析给出可能的空间。

在这个从战略（左上角）到行动（事，右下角）的推演过程中，财务和人力 BP 自始至终都在一个频道里对话，用不同的专业手段做同一件事情，逐渐逼近目标。他们谁也离不开谁，也都需要对方的支持。由于两个角色彼此的工作相互嵌套、互为验证，每个角色都无法在自己所谓的专业里自说自话。这就是我们需要的组织中台要达到的理想状态。

其实，无论是在项目开始之前的"投资评估"阶段，还是在项目开始之后的"投后评估"阶段，无非都是在重复上述逻辑。但上述每个阶段的工作都不容易，对于财务和人力 BP 的专业性都提出了极高的要求。

这种要求过分吗？我不觉得。以财务为例，这个领域早就呼吁要由"财务会计"走向"管理会计"，强调"不同成本费用支持不同决策"。如果按照这个逻辑，以不同决策思路拆分成本费用，计量每个战略打法的投入产出比，不就是他们的分内之事？

值得欣慰的是，少部分理念先进的企业已经开始建设组织中台，但让人遗憾的是，它们未得其法，越来越走向"组织政委"，还以为这就是终点。我们承认这是发展的必然阶段，但如果模式无法进化，那就不足以满足平台型组织建设的需求。这个部分太重要了，我们专门在第十三章详细说明其转型思路。

后台背后的发动机

前台的属性决定了它们一定是看局部、看短期，而后台的属性决定了它们需要看全局、看长期。进一步看，前台能不能跑起来，关键看中、后台；中台能不能跑起来，关键看后台。再次强调，后台奠定了价值理念和战略内核的底层逻辑，决定了资源洼地的深度和共享机制的开放程度，是企业的"源头之水"。

后台是企业中看似都存在的部分，但要达到我们期望的激励与赋能要求，这个部分还需要深刻转型。但作为企业中权力的中心，要让这个部分主动走向转型几乎是不可能的，所以，我们只能依赖前、中台的拉动力和企业顶层的推动力。

当企业开始转型平台型组织后，前、中台的拉动力无须引导，它自然存在。关键在于，如何让企业顶层的力量持续施压，形成真正的推动力。企业顶层的管理团队（如执行管理委员会）对于如何塑造平台，绝对有自己的想法，但这些想法能够落地几成？大多情况下，这种推动力都是"偶发式"的，高管发现什么地方不对了，就以运动的方式抓一抓，随后又弹回原样。

我们应该深刻理解，企业顶层的管理团队更像是一个引领方向的机构，而非一个执行机构，它们和各个后台部门之间天然存在一个传导的断层。所以，我强烈建议企业成立一个合伙人团队，纳入 EMT（执行管理团队）、SMT（高层管理团队）、RMT（储备管理团队）三个层次的人才。这种团队应该分享公司层面的股权激励（股权、期权、虚拟股等形式），对公司的整体和长期利益负责。由于这种团队的人员结构延伸到了企业的各个条线，所以能穿越断层，形成持续的影响。

在这样一个团队里，首先应该关注两个事情——价值理念和战略内核。**价值理念**，是企业认可什么、不认可什么的底层逻辑；**战略内核**，是企业做什么、不做什么的底层逻辑。这两个部分一软一硬，形成了企业作为平台型组织的基础，应该形成稳定的底层逻辑。但在实施规划上，上述两个方面却不可能一次性成型后多年复用。企业内外部的环境在变化，每种变化都会带来实施规划的变化，有可能重新冲击企业原来的底层逻辑。在这两个底层逻辑上，有点逆水行舟不进则退的意思，要么越来越坚固，要么越来越耗散。

举例来说，随着业务的发展，企业并购了国外的团队，原来的团队主张创业精神，主张工作和生活无边界化，而新的团队就主张专业精神，强调工作和生活的平衡。这样一来，价值观如何融合？或者说，企业如何在坚持原来底层逻辑的基础上确保能吸纳新的团队，如何在两种价值观里找到平衡点？

再举个例子，随着业务的发展，企业开始打造更广的生态，势必会进入一些新业务领域，应该如何界定新业务的战略地位？新业务会耗散组织能力，还是可以进一步强化核心竞争力？应该投入什么样的资源，追求什么样的投入产出比？这一系列问题都需要明确。

其实，在变化中讨论上述问题，就是在强化两个底层逻辑。因为在静态下，底层逻辑更像是大家都认可的口号，不会经历考验；只有在动态下，底层逻辑才成为标尺，在衡量出结果后才会受到各种挑战。在合伙人团队范围内，对这两项内容进行频繁讨论，意义非凡。

明确了价值理念和战略内核后，后台才能决定打造什么样的资源池，设计什么样的游戏规则。从价值理念和战略内核的明确，到资源洼地的建设和共享机制的打造，实际上是一个底层逻辑展开为具体规划的过程，这个过程由合伙人团队驾驭，也体现了合伙人团队的运作水平。走走形式的合伙人团队，开会时热火朝天，开完会后台部门依然纹丝不动；好的合伙人团队，对后台有极强的影响力,基本都会下探一层,影响到资源洼地的建设和共享机制的打造。

一方面是资源洼地的建设问题。

在清晰的价值理念和战略内核下,企业会推演出具体的战略目标。而后,就应该前置性地储备战略级资源,让平台形成具有足够优势的资源洼地。举例来说,公司未来5年内要通过突破性的优秀产品占领高端市场,达到百亿利润、千亿营收、千亿市值的目标。那么,在研、产、销、采等职能上,如何形成与之匹配的资源池?

资源池的建设方法是固定的:一是要建立自有资源的高地;二是要建立开放的、连接外部资源的接口;三是要寻找有稳定连接的战略级合作者,形成外部生态支持。但是,资源池的建设方向是不同的。以研发为例,研发的大方向是什么?在这个大方向内,在哪些领域进行自主研发,在哪些领域进行联合研发,在哪些领域进行外包研发,都是需要思考的问题。

另一方面是共享机制(市场规则)的打造问题。

在清晰的价值理念和战略内核下,企业也要明确在哪些领域创造价值、哪些人参与创造价值、分别投入什么、如何进行分享等大思路。而后,就应该进行具体的设计,让每个人都找得到自己的位置,都能清楚自己如何奉献、如何索取。

这种设计一定是以数据为基线的:**一是业务流规则**,所有业务的推进都应该能够换算为货币口径的结果,或是经营业绩,或是市值拉升,甚至对于一些不能衡量的战略绩效,也应该基于预期产出进行换算;**二是人才流规则**,基于业务的推进,从人的角度衡量投入产出比,有明确的人力资源效能基线(HR efficiency baseline）；**三是资金流规则**，基于业务的推进，从财的角度衡量投入产出比，有明确的财务效能基线（financial efficiency baseline）。

业务流规则，让所有绩效的计量口径回归货币视角，形成市场机制的基础；人才流和资金流规则，决定了什么样的业务结果可以配置什么样的人力和财务资源。如此一来，我们才能在每个业务领域推进业务流、人才流和资金流的一体化，让每个业务领域生意的目标明确、投产清晰、分享有力（激励到各方投入者）。记住，**如果有算不清账的地方，就没有办法"在公司里面做公司"**。

在实践中，我也常常提醒企业，千万不要认为有一个合伙人团队，团队能够定期开会，就认为是建立了合伙人议事制度。合伙人议事的时间、输出结论的质量、结论的可落地性[⊖]等都是考量合伙人议事制度含金量的标准。通常，在合伙人团队开始议事时，上述几个方面都是重灾区。因此，我会建议企业在组建合伙人团队的同时就出台一套合伙人团队的运作机制，以规范操作，确保动作不走样，明确界定如下事宜（见图10-6）：

◎ 主题讨论——聚焦企业底层逻辑问题，关注变化的商业环境形成的冲击，将关系企业命运的重要主题放入讨论清单。
◎ 结论输出——形成明确的纲领性文件，以便后续落地。文件应该有一定的传承性，看得出前因后果，看得到变化过程；文件也应该具有一定的可落地性，即可以基于文件导出任务。
◎ 任务分解——将纲领性文件分解为若干任务，落位到后台的各职能条线上，充分调动各部门为公司的纲领而行动。
◎ 考核兑现——定期检查执行进度，并兑现包括奖金、晋升、通报等形式

⊖ 可落地性，即结论是否能够自然延展为规划或任务，这在很大程度上决定了合伙人团队的智慧能否变为商业结果。

的奖惩，确保合伙人委员会的管理权威，坚持合伙人委员会的引领方向。考核后，任务的完成情况一目了然，未能完成的任务自动进入"主题讨论"阶段的讨论清单，闭环再次滚动。

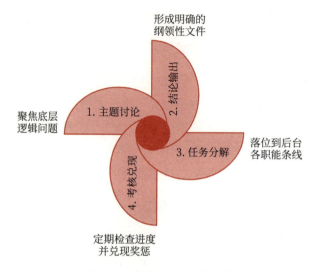

图10-6　合伙人团队运作机制

资料来源：穆胜企业管理咨询事务所。

合伙人团队通过这个闭环的一次次滚动，不停地把自己关于价值理念、战略内核、资源洼地、共享机制四类问题的思考和部署下沉到后台，让它们能够真正行动起来。在平台型组织中，老板和高管应该抓的是方向，他们绝不应该直接指挥前、中台，通过后台释放他们的影响力是最佳选择。

第十一章

市场化激励

关于在企业内部引入市场机制，并不是什么新鲜事，几十年前就有人提及了。只不过，那时的做法依然比较保守，无非是在绩效工资和股权两个模块上做一些尝试，从结果来看，并没有真正在企业内部实现市场机制。

进入互联网与数字化时代，企业开始扁平化，或多或少走向了三台架构。此时，导入市场化激励更成为应有之意，激励机制改造的呼声就更高了。但与此形成鲜明对比的是，企业在这方面却鲜有作为，甚至异常保守。

看似有点意外，实则很好理解。组织结构上的变革，可能会调整一部分人的利益，但在激励机制上的变革，却会让一大群人进入新的游戏规则，这种冲击形成的影响是不可估量的。一家企业几乎花费了10年的时间进行组织转型，我问其CFO为何在薪酬上"纹丝不动"，他回答："不敢动呀，这么大一个企业，就怕一动全乱了。"

不敢，本质上还是缺乏信心，本质上还是没有看懂。

皮姆矩阵

前面谈到了市场化激励的理念，但理念要形成机制，还需要考虑诸多因素。这里，给出一个我提出的皮姆（Platform incentive mechanism，PIM）矩阵（见图11-1）。这个名字和漫威世界里"蚁人"的发明者皮姆博士（Dr.Pym）同音。漫画里，此人发明了皮姆粒子，可以让人随意放大缩小，放大可以变成巨人，缩小可以变成蚁人。

我设计这个模型的理念是，企业一旦按照皮姆矩阵设计出一种平台型（市场化）激励机制，就可以像皮姆粒子一样，让组织随意放大缩小，大可以让全企业协同作战，巨人轻巧跳舞，小可以让小团队水银泻地，在市场上无孔不入。

简单来说，皮姆矩阵规定了5个维度的11个要素，而任何一个平台型组织的市场化激励都必须说清楚这11个问题。其中任何一个没有说清楚，都会导致激励目的不能达成，激励机制面临崩塌危险。换句话说，只有确保这11个要素，激励机制才会万无一失，堵死所有的"后门"。

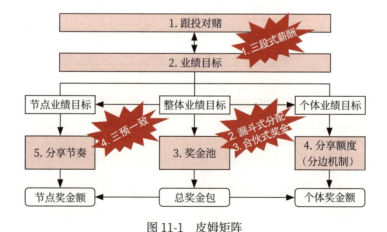

图11-1 皮姆矩阵

资料来源：穆胜企业管理咨询事务所。

首先，企业分解为小经营单元后，必须有跟投对赌，不然要分利润是不合理的。其次，一定要界定产出的业绩，而且这种业绩要能够大部分由小经营单元驱动。再次，业绩目标要兑换出奖金池，这种兑换逻辑一定要合理，小经营单元赚多少，能够提多少，一目了然。最后，整体业绩目标一定要分解到经营单元中的个体，也一定要分解到业绩产出的每个节点。只有如此，每个人在每个阶段才能获得足够的激励。

皮姆矩阵看似简单，但大家不妨用这种标准去衡量一下自己企业的类似激励方案。我们试过，大量企业的激励方案都是千疮百孔，矩阵里的要素都是缺失的，或者没有说清楚。

基于这 5 个维度的结合，就形成了市场化激励的 4 大变革内容。

一是"三段式薪酬"。如果用"跟投对赌"去追求一个"业绩目标"，薪酬结构就会发生明显的变化，就变为了固薪 + 对赌酬 + 超额利润分享（简称"超利分享"）。固薪这个不用解释了，变化主要是在后面两项。简单说，就是员工以某个额度的跟投对赌来承诺业绩，来换取一定比例的超额利润分享。举例来说，如果某员工承诺毛利 1000 万元，达成之后跟投对赌会作为**"对赌酬"**返还，他还能获得超额利润部分的**"超利分享"**。这种做法最早来自巴西离心机企业塞氏公司，中国的海尔也是实践者，另外一些企业多多少少也设置了显性或隐性的跟投对赌模式。

二是"漏斗式分配"，即整体经营业绩是一层层漏到创造价值的个体身上，从整体"业绩目标"到个体"分享额度"。每个层级要分到钱，有两个条件：其一，上一层级的超额利润池里有水；其二，自己在本层级完成了价值创造的承诺，而不是搭其他人的便车。只要把握了这两个条件，所有人的分配就能最大限度上和具体经营单元的业绩关联，也能与自身的贡献关联，这就是最佳的激励状态。

三是"合伙式奖金"，这是"漏斗式分配"的逻辑延伸。首先是项目团队和公司的合伙关系，即从"整体业绩"到"奖金池"的提成机制，这决定了项目团队能分到多少项目奖金；而后是项目团队内部的合伙关系，即从"奖金池"到个体"分享额度"的分边机制，这决定了每个参与者能够分到多少个人奖金。

四是"三预一致"，即整体"奖金池"分解到各个时点形成的"分享节奏"，简单说就是，**预案**的达成决定**预算**的发放，决定**预酬**的提取。说白了，就是完全让资金流和人才流跟着业务流来进行配置。落实到操作上，就是按照财务效能和人力资源效能来核定资源的投入。也就是说，在达成业绩目标之前，员工都是负债经营，要员工当"创一代"，不要当"富二代"。

四大变革看似道理简单，其实操作难度极大，不仅是每个方向都是在颠覆原来的激励机制，而且每个方案都涉及很微妙的"分寸"，差之毫厘，谬以千里。具体来说，每个变革中都有三个左右的核心指标要考虑，如三段式薪酬要考虑跟投比、杠杆率和人力资源资本化率（CRH），而核心指标设置的不同，更会让激励机制的效果有着天壤之别。

三段式薪酬

调整激励机制，首先应该改变金字塔组织里相对固化的薪酬结构，我们应该创造出一个可以浮动的薪酬空间。

在改变薪酬结构之前，我们需要回答一个问题：员工愿不愿意参与对赌，也就是投入一笔本金以获得经营收益的分享资格？这是我们回答了多次的问题。以前，我们会告诉企业，只要杠杆率合适，只要投入可控，员工没有理由拒绝。但依然会有"铁脑袋"把员工的风险敏感度无限放大，来挑战我们的逻辑。

数据显示，超过 90% 的样本企业的员工有意愿参与对赌激励，说明这种激励机制是有群众基础的。另外，组织内已实行对赌激励的企业占比 27%，这种激励机制已经不是新鲜事物了，其普及程度可能远远超过大家的想象。

如果考虑员工的薪酬结构是"固薪+浮动薪（绩效、奖金等形式）"，那么固薪作为员工的心理安全线是不能动的，我们只能考虑将一部分奖金拿出来作为对赌，换取超额分享的资格。但从奖金中能拿多少出来作为对赌，就要看给出什么样的分享资格了。举例来说，如果给予分享超利的 5% 的合伙资格，员工愿意给出 5000 元的对赌，那么将分享超利的额度提升到 10%，员工可能就愿意给出 10 000 元的对赌。

在这个过程中，员工当然有损失（风险），原来大多企业的奖金几乎是按照固薪的方式发下去的，现在却要和对赌目标强关联，成为所谓的**"对赌酬"**，完全有可能拿不到。但员工也有收益，他们分享了一部分额外的**"超利分享"**，可能上限还很高。另外，奖金中除了对赌的部分，其余几乎就被公司认定为固薪了，对员工自然是个利好，这也算是一个隐性收益了。

所以，企业推动三段式薪酬改革，实际上就是在员工的损益之间找平衡。员工能接受多大的风险，企业就为他给出多大的收益；反过来说，企业能够为他给出多大的收益，就可以说服员工接受多大的风险。

这种平衡的尺度，可以用我设计的两个指标来刻画：

- 跟投比＝跟投额／(固薪＋跟投额)，即员工愿意从薪酬中拿出多大比例来对赌。这是在衡量投入。
- 杠杆率＝预期超利分享／跟投额，即员工对赌的投入可以撬动多大的收益。这是在衡量产出。

根据《2021中国企业平台型组织建设研究报告》，48.6%的样本企业认为，5%～10%的跟投比是比较合适的（尽管前面提到90%以上样本企业的员工都愿意参与对赌）；47.7%的样本企业认为，3倍的收益杠杆更有吸引力。这里就出现了一个矛盾，由于员工普遍保守，较小的跟投额很难撬动有吸引力的收益，市场化激励的目的就很难达成。

所以，企业必须在两头发力，一边是让员工提升跟投意愿，另一边是企业要给出分享的诚意，甚至为了激励改革初期的"壮士"，要适度调高杠杆率，给予倾斜支持。当然，我强调一定要在两头动，如果员工依然保守，却要求企业豪放，或者是企业依然保守，却要求员工豪放，都会破坏投入和产出之间的平衡。

这种平衡其实代表的是市场规律。记住，一旦破坏市场规律去追求市场化激励的结果，一定不会有好的结果。

实战中，我们还遇到另一类完全相反的企业。员工并不保守，企业也比较豪放，但最后却出现了双输，这也耐人寻味。这家企业正处于快速发展期，老板和员工对于企业的成长性有非常高的预期，自然员工跟投的热情高涨，老板也放出了更高的杠杆率。但市场结果却浇灭了双方的热情，员工未能达成对赌业绩，企业的"好政策"根本无法落地。

归根结底，政策是政策，业绩是业绩。政策决定的投入产出比预期，只是理论上的数字，只有实现了业绩，这些数字才会变成实实在在的钱。在员工和企业之间，企业是引导方向的一方，应该更加理性，务必对企业的业绩进行合理预期，甚至，在员工过于热情时，要把这种过分的热情压下去。其实，这个时候就很微妙了，明明员工可以多跟投，可以认领更高的业绩目标，为什么要他们冷静一点呢？大多数老板看到的是可能争取到的业绩，只有少数老板考虑到了员工的风险和这个游戏的持续性。终究，不同老板，格局不同。

漏斗式分配

三段式薪酬本质上是改变薪酬结构的固浮比，让浮动部分放大，能够与经营业绩联动。具体来说，"对赌酬"和"超利分享"两部分都是完全浮动的，而且与经营业绩强烈相关。

这种强相关性，依赖漏斗式分配来实现。导入漏斗式分配，等于让企业内的激励机制几乎完全模拟市场逻辑，让我们往"在公司里面做公司"的方向上行进了一大步。当然，这可能也是对传统激励机制颠覆最大的一步，如果实现了突破，后面的激励机制的变革也就水到渠成了。

传统激励机制中，浮动薪的发放基于两点：一是预算按员工职级划拨的"基数"；二是局部绩效考核的"系数"。这必然带来大家"各管一段"的结果，即员工只要做好自己分内的事，就能够拿到奖金。自然，员工也就成了"打工人"，而非有企业家精神的"创客"。

这里面的关键问题在于"薪源"。员工薪酬来自预算，预算来自公司在经营业绩基础上按比例提取的人工成本（全面预算逻辑）。看似大家都为公司经营业绩负责，但目标太大，参与者太多，其实就是大家都不负责。

真正的薪源应该是**项目经营业绩**，而不是预算或预算背后的公司经营业绩。只有如此，才能让少部分人面对一个小市场目标，才能让他们真正有意愿协同一致，共进退。当然，为了让少部分参与者全力以赴，不搭便车，依然有必要计量他们的**局部绩效**。

要实现真正的市场化激励，我们需要将经营业绩和局部绩效进行巧妙的结合，让两个因素一起决定员工的浮动薪。这种结合的结果就是"漏斗式分配"（见图11-2）。以前台项目团队为例，在项目团队（第一层）、职能团队（第二层）、个人（第三层）三个层面，每个角色要分配到超额利润，必须满足"团队超利包存在"（条件1）和"自己完成承诺业绩"（条件2）两个条件。直观来说，超利是一层一层漏下去的，每个地方都没有激励的死角。

图11-2　漏斗式分配逻辑图

资料来源：穆胜企业管理咨询事务所。

试想在两种最极端的情况下，每个角色是否应该获得分配。一种情况是，团队经营业绩极好，获得了超利包，但参与的某角色绩效不好。那么，既然团队都一片和谐、举杯相庆了，这个角色应该分得自己的超利吗？另一种情况是，团队业绩很差，没有获得超利包，但某角色绩效极好。那么，虽然团队没打胜仗，但这个角色本身没问题，应该被拖累吗？

要回答这两个问题，就要回到我们的初衷——"在公司里面做公司"。我们只要参照公司的逻辑来检验这些规则就好。

第一种情况，几个股东一起创业，公司赚钱了，但某个股东不给力，成了团队的拖累，他应该分钱吗？在合理的股权激励机制下，显然不应该，恐怕他还会被其他股东清理出去。

第二种情况，几个股东一起创业，公司没有赚钱，但某个负责市场销售的股东特别给力，为公司带来了无数的高质量销售线索，那么，他应该分钱吗？公司都没钱，他到哪里去分钱呀。

其实，不仅在前台项目团队里应该是这样的分配原则，在中、后台也应该是这样的分配原则。在每个组织模块里，一是要考虑他们面对的市场业绩，二是要考虑他们专业内的局部绩效。前者带来的趋势是每个组织模块的**"经营单元化"**，每个组织模块都需要找到自己的市场；后者带来的趋势是每个组织模块局部绩效的**"去形式主义化"**，原来形式主义、不影响市场结果的 KPI 都会被剔除，留下的是上一级团队需要他们提供的与经营业绩相关的贡献。

当企业内全都遵循漏斗式分配的逻辑时，所有组织模块就都实现了市场化激励，一股强大的力量就会将所有组织模块都校准到了一个大方向上。

合伙式奖金

如果我们遵循漏斗式分配的逻辑，就应该意识到分配比例是一个重要问题。注意，务必要在合伙前说清楚分配比例，这是一个原则性问题。

实践中，大多企业会为创造市场业绩的项目划定专门奖金池，这说明它们意识到了应该走向"用户付薪"。但有意思的是，其中大多数企业并未在项目启动之初说清楚项目的市场业绩与奖金池的关系。说白了，钱依然不是直接来自市场绩效的分享，而是来自公司的划拨。当然，你可以说这种划拨也是来自项目的市场业绩，但通过公司"转"了一层，不是直接从项目收益里提成，感觉还是不一样。老板需要安全感才会这样选择，但这会造成激励效果大大减弱，扭曲了市场化激励的指向。

平台型组织的市场化激励中，合伙式奖金是主流，分配比例是核心。实践中，要说清楚两个部分：一是项目如何与企业分，这是**提成机制**；二是项目团队内部如何分，这是**分边机制**（见图11-3）。这里稍加解释，我们把项目团队里的参与者看成若干节点，这些节点形成了一个价值创造的闭环，每个节点都占据一个"边"，每个节点创造的"边"有长有短（代表价值多少），它们之间的分配就是"分边"。

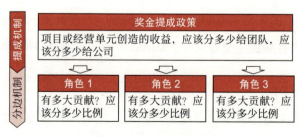

图11-3　合伙式奖金逻辑图

资料来源：穆胜企业管理咨询事务所。

提成机制由"激励三线"决定,即超利起算线、超利封顶线、分享比例线。注意,任何一条线都必不可少,否则,要么会造成老板不舒服,要么会造成员工不舒服,这类激励制度极有可能不能持续。

超利起算线。老板都愿意分增量,而不愿意分存量。这条线是界定增量的起算,增量也叫"超利"。这条线可以采用趋势外推法、战略逆推法、标杆(动态标杆/静态标杆)基准法等来确定。

超利封顶线。这条线就是计量哪些是员工形成的增量,哪些是其他因素形成的增量,不一定精准,但一般来说必须有这样一条线。这条线可以考虑由自我薪酬倍数、企业薪酬倍数、航标岗位薪酬封顶等要素来确定。

分享比例线。对于超利,究竟应该给员工分享多少比例?这决定了激励机制的吸引力与公平性。这里要考虑的问题就很多,例如,应该设置统一的比例,还是分业绩段设置"跳点"?应该做提成加速(比例线上行),还是提成减速(比例线下行)?穆胜企业管理咨询事务所用原创的工具"激励尺"来确定这个比例,取得了相当不错的实践效果。

分边机制应该反映每个角色实际的价值创造,但现实中这是很难量化的。因此,我们需要综合多个因素,以"分边公式"来模拟价值创造的实际情况。分边公式可以表示为

$$Y = f(x_1, x_2, x_3, x_4, x_5, \cdots)$$

式中　x_1 —— 能力,来自企业任职资格体系;

　　　x_2 —— 对结果的影响程度,来自企业对每个角色 IPE 码的评估结果;

　　　x_3 —— 认领目标的高低,来自企业的绩效刻度形成的定价标准;

　　　x_4 —— 跟投额,来自企业激励的宏观逻辑形成的定价标准;

x_5 —— 认领目标的完成情况，来自企业的绩效考核标准；

……

可以发现，每个自变量实际上都是在挑战企业人力资源管理体系的水平。尽管我们可以通过一些简易的方法帮助企业绕过这些难点，但是，如果其人力资源管理体系一片贫瘠（几乎什么都没有），那么这些方法实施起来也依然异常艰难。正是基于这个原因，面对一些试图直接建设平台型组织的初生期企业，我都会劝告它们打消这个念头。平台型组织是对金字塔组织的颠覆和突破，但它更是站在金字塔组织上进行的颠覆和突破。

三预一致

三预一致是一个内涵特别丰富的概念，其实，企业的经营管理的最高境界就是实现三预一致。从广义上说，三预一致是在每个时间节点按照业务推进配置资金和人力；从狭义上说，三预一致则是确认在每个时间节点的分享额度。说白了，就是在项目经营业绩出现之前，基于经营业绩的预期对员工的激励进行贴现。

不管是广义狭义，要实现三预一致，首先必须衡量出过程中的**节点业绩**。

这里的业绩包括两个方面：一方面是**经营业绩指标（财务指标）**，我们如果将项目团队作为经营单元，那么就必然要求他们的经营业绩；另一方面是**战略驱动指标**，如果我们不希望仅仅看到一个短期的财务结果，而是希望项目有良好的基本面，能够健康发展，那么就必须要求他们的重要绩效（如市场绩效、运营绩效等）。

这两类指标不应该是加权关系，而应该是"互锁"关系。简言之，两类指标的合并计算采用就低原则，更低的一类指标的得分决定了对于项目业绩的整体评价。事实上，这又是对于传统激励机制的一次颠覆。

传统激励机制里，绩效考核采用记分卡原理，一大堆 KPI 被分配了不同权重，财务 KPI 不好，却可以用其他 KPI 来补救，这样一来，对于经营的考核反而被模糊。市场没有温情，项目的财务 KPI 不会骗人，这必然是考核重点，除此之外，项目的其他基本面也应该一并考虑，企业应该追求项目健康肌体上的财务 KPI。举例来说，通过战略级客户达成的营收，和通过非战略级客户达成的营收，对于企业的价值完全不同。再次回到"在公司里面做公司"的逻辑，如果我们是一家投资机构，如果我们要考察一个企业是否值得投资，难道不应该用这样的标准吗？

有了节点业绩，我们就需要考虑是否应该进行过程中的**节点激励**，即**贴现**。

大多老板都不喜欢在中途释放激励，而愿意在经营周期末统一结算。道理很简单，中途的战功只是过程，他们愿意"为过程喝彩，为结果买单"，他们担心提前支付造成不必要的风险。

人力资源部门更是这种理念的拥护者，除此之外，它们还有一个理由。原来按照季度、年度发放奖金，时间固定化，操作标准化，这样的管理成本是最低的，而现在却要按照项目节奏发放浮动薪，显然薪酬管理会变得更加复杂。

但是，这对企业和员工都不是最佳选择。员工以创客的方式进行跟投对赌，虽然模拟了创业，但它始终不是外部创业，不可能直接切换到外部市场那样的激励逻辑（赚钱后统一结算）。况且，在激励机制变革中有一个最重要的原则——尊重历史。一般的企业都有季度绩效或奖金，如果激励机制变革首先就取消了这个部分，员工无论如何都会在情绪上有所反弹。大多企业纠结于这个问题，就足以说明大量企业根本还未走入市场化激励的深水区。

在我们的操作经验里，员工对于"贴现"非常在意，对于企业"延后结算"的操作相当不满。绝大多数情况下，企业最后还是不得不重新设计贴现机制。

这里，我们不应该纠结于是否贴现，而应该关注贴现率这个关键指标：

$$贴现率 = 贴现额 / 预期分享超利$$

即在项目结算之前，应该基于预期分享超利给员工提前释放多少比例的过程奖金？

这里给出穆胜企业管理咨询事务所对于贴现率的建议，根据我们的《2021中国企业平台型组织建设研究报告》，样本企业中的大多数不愿在项目或经营周期结束前支付超过 20% 的奖金。

当然，具体情况具体分析，这种额度是否足够，还应该参考项目周期的长短、总奖金的多少、与过去的常规化激励之间的感知对比等要素。从这个角度说，以贴现率为基线进行"一刀切"，也说明企业在当前的摸索阶段更在乎风险控制，而非激励有效，这可能也是一个问题。

第十二章

知识流赋能

三台架构将企业划分成了一个个经营单元,而市场化激励让人人都是自己的 CEO。此时,员工迫切需要一种更有效率的赋能机制。

如前文所述,相对于组织结构和激励机制的进化,中国企业在赋能机制上的进展让人忧心。不管认识有没有统一,操作够不够科学,在组织结构上至少有"三台架构"等统一语汇,在激励机制上至少也有"跟投对赌"等统一语汇。但在赋能机制上,这类统一的语汇至今依然没有出现。大多培训部门和企业大学依然把过往的操作奉为经典,用对冷兵器的自信进入热兵器时代。

这个领域进展缓慢,本质上还是因为老板不够重视。大多时候,老板们埋怨人才不足只是一句口头禅,他们通常并没有期待这个问题能够解决。在这种理念下,培训部门和企业大学并没有获得足够的资源,也没有强烈的改革动机。

我的观察是,赋能机制藏在组织变革的最深层,只有痛彻心扉,企业才会下决心解决。但那个时候，一切似乎都有点晚了，赋能机制会拖了组织转型的后腿。在组织转型之初，企业就应该启动赋能机制的变革，甚至赋能机制的变革还会成为组织转型的独特切入点。

创客知识黄金圈

前面谈到，在互联网和数字化时代，人才的快速产出需要形成"知识流赋能"，这种模式又以"知识体系"和"商战淬炼"作为必要条件。两个必要条件中，"商战淬炼"是三台架构和市场化激励带来的必然结果，我们更需要关心"知识体系"的形成机制。

平台型组织中需要的人才应该是"创客"，即具有企业家才能的创业者。过去的员工只需要"强执行"即可，而现在的创客则需要自己洞察环境、寻找目标、组织资源、实现闭环……

我认为，这类人才应该拥有一个"知识黄金圈"（见图12-1）。

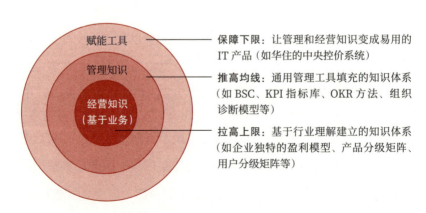

图12-1　创客知识黄金圈

资料来源：穆胜企业管理咨询事务所。

外层是赋能工具，即让企业的管理和经营知识变成易用的 IT 产品。

例如，酒店的收益管理是在房间价格和出货量之间寻求平衡，合理的价格才不会挤出太多的顾客，才能有更大的收益空间。传统酒店调控价格靠"手感"，即经验丰富的店长根据局部数据进行定价决策。但在华住集团，根据强大的数字化底层，自动汇总各类数据，利用算法，给出最合理的定价。这样一来，酒店房间定价就摆脱了对经验丰富的店长的依赖。

中间层是管理知识，其作用是让员工的行为"有章法"。

不妨设想，如果每个员工都有一套自己的思维方式和逻辑语言，那么企业内部还如何沟通与协同呢？另外，传统人才培养模式中强调的素质、能力或胜任力（英文均为 Competence），大多并不天生，这正是源于管理知识赋予的"章法"。例如，我们的素质模型里有一个维度是"解构任务的能力"，其背后就是对不同任务进行拆解的套路方法。

其实，大量通用管理工具已经填充了企业在这个层面的缺失，但它依然是中国企业普遍的通病。我们看到的是，不少企业的员工连做好目标分解这类基础动作都成问题。客观来说，这既和中国商科教育底蕴缺乏有关系，也和广大中国企业长期不重视管理有关系。正因为如此，我们很赞同企业引入 OKR（目标和关键成果）等轻快的管理工具，这相当于补充了管理通识教育。此外，我更建议它们学一样东西学到底、学到精，而不是朝三暮四，今天学武当，明天学少林。

最内核是经营知识，其作用是建立企业对于所处赛道（行业）的深度认知。

这种认知就是建立在战略认知基础上的发展观、市场观、产品观、客户观……它们会沉淀为盈利模型、产品分级矩阵、用户分级矩阵等"核心文档"，这决定了资源的配置和管理的动作能否带来经营结果。

如果没有对这个层面的理解而埋头做管理，就有可能是"为了管理而管理"，结果"一顿操作猛如虎，定睛一看原地杵"。现实中，大量企业都没有这一层，战略的认知全在创始人的头脑中，根本没有能够拿出来作为沟通底层的模板，这可能是企业中创客型人才缺乏的最深层原因。

三个层次各有难度，作用不同："赋能工具"让基础的经营管理行为标准化，完全脱离"手感"，这确保了企业的**"下限"**；"管理知识"让企业在为员工提供了资源后，能确保基本的输出，也就是管理干部的整体水平，这推高了企业的**"均线"**；"经营知识"这个核心，让企业的资源配置和管理动作能够指向经营结果，这拉高了企业的**"上限"**。

根据创客知识黄金圈，有两条路径可以搭建这个完整的知识体系。

一条路径是由内而外（inside-out），即知识管理变革。这条路径的牵头人是企业的知识管理部门，通常是培训部门或企业大学，它们需要搭建一个知识管理体系，让各类知识能够在企业内部流转起来。直观地说，就是让"高手"自动上传知识，让"小白"自动下载知识，而且这套系统完全不以人的意志为转移，能让人自动"被卷入"。

注意，这里我没有说是"引领者"，而是"牵头人"，我们不能指望一个部门全盘接管，然后一砖一瓦地帮助企业架构起三层的"知识体系"。知识管理部门只能是先建好"知识管理体系"，让百川汇流，再奔腾四方。

当然，经营和管理知识在成熟之后，要尽量沉淀为 IT 化的赋能工具，只有这样，才能标准化，才能摆脱对"手感"的依赖，才能让企业快速实现规模化扩张，拥有更高的"下限"。

另一条路径是由外而内（outside-in），即数字化赋能变革。这条路径的引领者是企业的数字化部门，它们以产品经理的视角进入业务场景，从"问题解决"的角度出发，利用数字化建设的基础，做出若干"杀手级产品"，解决经营管理中的实际问题。前面提到的华住的中央控价系统就是在这种思路下产生的。

但是，我们不能寄希望于数字化部门来解决企业的数字化问题。这句话很拗口，但请细品。如果没有在管理知识和经营知识上的标准化，数字化部门永远只能游弋于外圈，做出散点的数字化产品，而不能将数字化贯穿于经营管理。尽管这些数字化产品效果显著，但却远远没有发挥出数字化部门的威力。

知识管理变革

知识管理变革的目的是以知识管理为目的，形成一个管理体系，推动知识的高效流动。我们不妨假设企业几乎完全没有数字化平台，思考要搭建什么样的管理体系。这需要明确建设三个要素。

一是管理主体。知识管理的第一责任人是人力资源部培训负责人或企业大学校长，而各业务条线的负责人应该成为各领域的知识管理负责人。

现实中，这种模式实施起来一定会困难重重，因为它为业务负责人增加了新的工作。我们见过无数业务负责人抱怨缺乏人才，但当你让他们投入精力开

发课程、总结工具，一起为人才成长赋能时，他们又会反复推诿。[○]

如果说"光做业务，不培养人才"是对企业的不负责任，"光做业务，不沉淀知识"则是对企业更严重的不负责任。很多人认为，培养人才，结果是能收获个徒弟，增加自己的影响力，但奉献自己的知识，结果是大家自由"下载"，不是太亏了吗？但企业一定要抓好这项工作。只要企业认识到这个事情的重要性，就一定能抓好。

美国海军陆战队有一种机制，18个月为一个轮换周期，前6个月上战场，6个月以后要把自己这个周期里累积的实际经验带到司令部分享，并在组织内进行传播，这使得新知识的创造和传播效率更高。这种方式在企业内被称为"经验和学习"（Lesson and Learn），其实在工业经济时代就已经存在了，只不过互联网和数字化时代加剧了对它的要求。

对于金字塔组织，推动知识管理会异常艰难。在这类组织里，每个部门各管一段，只对自己的KPI负责，哪有动机去做知识管理呢？但在平台型组织里则不一样，市场压力会迅速由前台传导到中、后台，倒逼它们进行知识萃取、整合、推送、变现。你不做，前台打不了胜仗，你也分不到钱。你如果一个个地辅导前台，每次辅导都定制化，那还不累死？所以，中、后台会整理出自己的"套路"，这些"套路"就是企业的知识体系。更有意思的是，中、后台还必须形成机制，保证这些"套路"能够快速迭代，否则难以匹配复杂的市场环境。

二是知识模板。通俗点说，知识模板就是企业的"套路"。不同企业的知

○ 实践中我们发现，他们宁愿花1小时的时间和你解释自己为什么做不了这个事情，也不愿把同样的时间花在编写课件上，有时真让人怀疑他们口中的"缺乏人才"只是为业绩不佳找的完美借口。

识模板应该是大同小异的，主要包括流程、使能器、模型等，这些模块会组合成若干核心文档，如"产品手册""运营标准""销售白皮书"等。

我尤其强调核心文档的重要性，这是让思维天马行空的老板聚焦的最好办法。某位文娱行业的老板思路开阔，我每次对这个企业进行辅导，他都会发起新的话题。两次过后，我明确提出要求："作为顾问，我不想将精力分散到太多的话题上，我就抓你们的三大核心文档。我们所有的探讨、你们内部的讨论复盘，全都在核心文档的框架内发生，结果也在核心文档的框架里沉淀。"这样一来，交流效率明显得到了提升。

企业的哪几个核心文档最为重要呢？这个很难自上而下去界定，要根据前台的作战需求来定。我们的经验是，前台运转起来之后，便会立刻发现经营知识层面存在的几大知识缺口，急需中、后台赋能。这个时候，如果能够推动中、后台的对口部门进行知识萃取和整合，形成定向赋能，不仅能够打开知识管理的局面，还能够形成经营知识的制高点，便于推进后续的知识管理工作。

当然，我也强烈建议老板和高管参与到这个过程中，因为核心文档体现的是公司高层对于产业的理解。没有他们对这些"套路"的首肯，即使中、后台部门给出了类似的赋能，最终也会不了了之。

三是运营标准。 在互联网和数字化时代，我们要深刻理解互联网世界中"运营"这个词，这和传统企业里的"运营"有本质区别。所谓互联网的运营，简单说，就是对用户进行分类分级，对产品进行分类分级，再促进两者之间供需进行连接。

其实，知识管理中的运营，就是要做出各种知识产品，并针对各类人群进行内容分发，而且这些动作应该是持续的。这就意味着，各类知识要有交付标准、评审机制、分发机制等，每一样都不简单。但现状是，大量的培训部门和企业大学并没有"运营思维"，运营手段还比较陈旧，要实现上述通关并不容易。

要评价互联网平台的运营效果，GMV（成交总额）是一个核心数据。要评价平台型组织中知识管理的运营效果，同样可以用类似的指标。越是能够孵化、推送新知识，越能够形成最终的赋能交易，越能体现更高的运营水平。

数字化赋能变革

数字化赋能变革只是数字化变革的一个部分，其强调以数字化为工具，解决业务场景中的用户问题。成熟的数字化赋能机制，能够为员工提供绝大部分知识产品，而且能以信息流推送的方式让这些知识刚好出现在最需要的人面前。直观效果是，一个初出茅庐的生手，通过加载"作弊器"的形式，可以快速变成经验丰富的熟手。这种赋能脱离了对人才底版的需求，让知识体系直接接入个体且应用于商战，其效果绝对让人眼前一亮。

在这个方向上，不仅需要企业基于自身业务特点开发的数字化系统，互联网公司推出的若干在线协作产品也是极好的补充，例如字节跳动的飞书、百度的如流、阿里巴巴的钉钉、腾讯的企业微信等。

无论使用什么数字化系统，为了达到数字化赋能的效果，这种机制都应该具备以下几个特征。

◎ 第一层：以用户为中心——快速抓取、甄别用户需求，这是数字化赋能的基础。

- 第二层：以场景为目的——基于用户需求，快速构建业务场景，并形成业务场景所需的知识框架。
- 第三层：以知识为载体——基于知识框架，快速萃取和整合知识，形成若干知识产品，并进行推送和变现，让知识在组织内以产品的形式高效流动。
- 第四层：以中台为引擎——为了推动知识高效流动，打造出"数据中台（知识中台）"和"AI 中台"这类"引擎式中台"（也可以理解为"中台的中台"）。其中，前者的本质是数据，后者的本质是算法。

第一层到第三层，实际上是业务中台或组织中台的部分，它们从市场上获取用户需求，再提供数字化产品来精准满足需求。显然，各中台部门需要有互联网产品经理一样的角色，而且这个角色最好由有机会以 BP 形式进入前台的人担任。道理很简单，这样的人才知道前台的需求，才能让中台跳出自说自话的"专业中心主义"，走向"用户中心主义"。

举例来说，人力 BP 在前台的经营单元里，发现某关键岗位的人才评估已经成为关键问题。这个岗位太过重要，不仅招聘成本极高，招聘成功率也极低，已经严重影响到经营单元作战。于是，他调动专家中心（COE）和共享服务中心（SSC），提供了一个简单易用的核心人才甄选工具。

再举个例子，某商业地产企业非常关注建设周期，但由于不同类型的项目涉及不同的技术细节，所以建设周期不同，因而很难对施工方提出准确要求。此时，供应链支持中心考虑各种变量后，建立了一个相对科学的建设周期计算模型，很好地解决了这一问题。

第四层是业务中台或组织中台动力的源泉，是中台效率的关键所在。可以预见，未来企业的竞争很大程度上是智能化的比拼。一方面，当企业整体上云后，业务流、人才流、资金流都将上线，在线大数据成为标配，"数据中台"得以成行；另一方面，目前各种云计算服务商提供的"算力"已经极度强大，完全可以外引供应商来解决。当"数据"和"算力"问题都已经得到解决后，比的就是"算法"，即智能化，"AI中台"可能是决胜关键。

进一步看，企业要产出有竞争力的"算法"，不能只是头疼医头脚疼医脚的方式，不能仅是在知识黄金圈的外圈游弋。只有在管理知识和经营知识上具备超前认知，才能助力"数据中台"和"AI中台"形成"引擎"。实际上，这又是在考验后台的战略内核和价值理念。没有清晰底层逻辑的企业，最容易被现象带偏，从而四面出击。这些企业很快会发现，这样的赋能机制一定是效率低下的，甚至前台还会出现若干方向完全不同的需求，中台的赋能输出根本无法兼容这些需求。

大多时候，中后台埋怨前台没有清晰的需求，想一出是一出，但仔细想想，它们自己又是否帮助前台建立了思维边界呢？如果前台连对"什么需求能够解决""一个需求应该从什么方向解决"等基本问题都没有清晰认知，本质上，这是中后台建设不足问题，更深一步，这是企业老板对底层逻辑澄清不够的问题。

我以前有个判断，没有数据支持的组织中台，会变成没有牙齿的老虎。其实，完整的表述应该是，**没有数据、算力和算法提供数字化赋能的两类中台，都会成为没有牙齿的老虎**。在本章的附文里，提供了一个组织中台的HRBP被数字化赋能的案例，有兴趣的读者可参阅。

附录 3

云上的人力资源部[一]

守正集团的 HRD 陈默最近有点"大起大落"。

作为这家以零售业为主、多元经营的大型民营集团企业的人力资源部负责人,他凡事力求严谨,事无巨细。他的部门似乎也是最繁忙的团队,总是忙于无休止地审核计划、视察考核、纠偏执行……但细致的工作换来的却是抱怨。业务部门抱怨政策愚蠢,管得太死,没有考虑实际情况。更"悲催"的是,在老板李硕的心中,人力资源工作就是一个普通保障职能,和战略根本没有太大关系。尽管如此,此时的陈默仍算是大权在握。

最近,陈默更是彻底失了宠。原来,李硕不知怎么地就迷上了海尔张瑞敏的"自主经营体"和稻盛和夫的"阿米巴经营模式",提出要"划小经营单元",

---

[一] 这是穆胜博士 2013 年发表在《商界评论》上的系列案例之一。这类案例尝试用小说的方式,讲述企业人力资源转型的故事,文中穆胜博士以"Moo 博士"的身份出现。案例虽有原型,但为了铺陈情节,说明观点,进行了一定程度的"故事化"。

让"人人都是自己的CEO",把"职能分工式运营"改为"资源中心型运营"。就是要各个部门以客户为中心,成为"资源的经营者",而不是按照原来的职能分工循规蹈矩。老板的理由很充分,在当前宏观经济增长趋势放缓的背景下,零售企业无法再依赖经济增长的拖动,必须思考如何改变自身的商业模式。最好的办法,当然就是调动业务单元的经营活力。于是,集团开始了一场风风火火的组织变革,从中、后台的职能部门到前台的业务部门,被拆分成为几级"经营体",每个员工都被定位为"创客",资源可以自由流动,一切指向客户需求,甚至公司内部处于链条上下的部门在交接业务时也需要"做生意"。

按照"三权下放"的逻辑,人力资源部门的一些权力(如人才招聘、配置、激励)被要求下放。就这样,陈默从位高权重变成孑然一身,李硕甚至动了要把人力资源部合并到总经办成为"人事行政部"的念头。消息传出后,陈默无比落寞。但突然间,李硕又打消了该念头。原来,放权之后,业务部门开始失控,人员编制暴涨,干部提拔失控,人工成本预算虚报……此时李硕想起了事无巨细的陈默,于是下令让陈默来收拾局面。

HRBP——政策警察?

陈默明白,李硕对于当前的"经营体"模式是满意的,毕竟在客户端也确实收到了预期的效果,所以不能把这种授权模式改回"大管控"。李硕不满意的是业务部门像放出山的孙猴子,完全没有了规矩,居然开始挑战集团权威,甚至与集团争利,他要的就是陈默去给他们上上紧箍咒!

另外,有的事情业务部门也确实是好心办坏事。例如,下放人才招聘的权力后,有的业务部门过于乐观地预判了业务增长势头,导致储备了大量冗余新人,最终,只能让没有工作任务的新人去参加培训,白白浪费了人工成本。李硕这是想让陈默去善后!

现在已经是诸侯割据局面,即使从集团层面下发制度,估计也会被各部门束之高阁。现在缺的不是制度,是执行!那么,如何建立一种合理的执行系统呢?思考之间,陈默想起了集团的财务委派制度,即集团财务部向独立核算的业务部门派出财务经理,负责执行集团的财务制度,同时进行专业财务管理,而他的人事关系在集团财务部,其薪酬和职位与业务部门无关,这样就避免了瓜田李下。为何不能仿效这种制度呢?当然,不能以这种名义派出"特派员",还得师出有名!陈默想起了人力资源领域大名鼎鼎的三支柱模型,于是,他为这种"特派员"冠名高大上的HRBP(人力资源业务伙伴),并草拟了一个方案。

陈默的方案很快得到了李硕的认可,甚至还为人力资源部增加了一些编制。在集中一个星期的专业培训,宣布了定位、职责和纪律后,HRBP们以"协助一线业务"的名义被配置到了业务部门。

头一个月里,陈默听到不少磕磕碰碰的声音。一个月后,他召集所有的HRBP汇报工作进展,果不其然,大家都带来了坏消息。HRBP们带着监控的任务,要充当"政策警察",自然被业务部门视为"卧底",于是部门经理对他们事事提防,根本不把其纳入核心的决策流程。毕竟,人力资源流程的刚性不比财务,缺了专业人员支持也不会无法运转。

其实,业务部门也并非都是敌对的,它们"做生意"也需要HRBP的支持。例如,有的业务部门生产流程很模糊,需要建立一套精细化的业绩计量系统,以方便公平分配。但HRBP弄出来的一套绩效考核方法复杂无比,根本无法使用。不仅考核方法有问题,而且考核内容也脱离业务、不接地气,考核根本没有抓住要点，比如有些指标数据无法收集，有些指标根本就不影响业绩，最荒谬的是让大家互评绩效……业务部门和 HRBP 一起折腾半天，考核结果大家还都不认可，搞得天怒人怨。如此一来，HRBP 很快失去了业务部门的信任，不少业务部门甚至直接提出要"把 HRBP 们赶回去"。当然，这些意见都无一遗漏地直接反馈到了李硕那里，于是陈默被要求在两个月内要看到整改效果。

陈默认定，HRBP 的专业性是制约他们融入业务部门的短板，于是轰轰烈烈地引入超高端师资，对 HRBP 进行了为期两周的半脱产"战略性人力资源管理能力提升培训"。不料，对 HRBP 的几番狂轰滥炸，并未带来如期的效果。疲惫不堪的 HRBP 还传出不少怨言，有人说："这根本就是要大家都变成顶级咨询师，本来我是'城管'，却要我搞'规划'，我要是有这个本事，还在你守正集团这浅水滩里游泳？"陈默想想也是，就算把自己放到业务部门都不一定能让人家满意，更何况自己的部属呢？

HRBP——战略合作者？

于是，陈默开始多方打听人力资源专家，到处求诊问药，最后找到了 Moo 博士。在了解了守正集团实施"HRBP 制"的前因后果后，Moo 博士指出，人力资源管理下沉到业务层面是大势所趋，也是支持守正集团"经营体"模式的必然选择，但问题的关键不在 HRBP 的专业能力，而是在 HRBP 的运作模式，或者说，真正考验的是守正集团人力资源体系的运作模式。

陈默不解，派出专业人士为业务部门提供人力资源管理服务，一是需要他们掌握内部政策，二是需要他们掌握专业知识。如果内部政策没有问题，那么一定出在专业能力上。Moo 博士反问道：守正是希望 HRBP 们用个人能力还是用统一标准为业务部门解决问题？如果是用个人能力，你如何管理解决方案之间的统一性？如果不需要统一性，守正如何实现对业务部门的管控，又如何确保守正平台对于业务单元的支持？如果不需要统一性，HRBP 为什么一定要由人力资源部派出，而不干脆放权让业务部门自己招聘 HR？

一连串灵魂拷问，让陈默陷入了沉默。随后，他开始厘清逻辑，询问如何才能建立这种能够服务业务部门的标准。于是，Moo 博士为他介绍了一种"人力资源云平台"的管理模式。

人力资源云平台在形式上与"HRBP 制"无异，都是由人力资源部向业务部门派出 HRBP，使其承担政策监管和内部咨询的职责。但不同在于，人力资源云平台建立了一个强有力的后台支持，以此为 HRBP 提供专业能力的强力补给。

具体来说，这一模式由两部分组成。

第一个部分是顶层的人力资源数据云平台，即云端，由 COE 和 SSC 搭建。 这一平台由两种数据组成。

其一是人力资源专业到经营结果这条逻辑链条上的数据，即"职能运行→队伍状态→人力资源效能"这个传导机制上三维度的数据，用以指导人力资源专业定向对企业战略做出贡献。这部分与"大三流"和"小三流"数据均相关，表现为大量的人力资源指标算法。这是一个**"人力资源效能仪表盘"**（HED）。

其二是构建人力资源机制所需的数据，即将所有人力资源、激励资源和培养资源标签化、数据化，用以指导企业搭建调配、激励和培养三大人力资源管理支持系统，形成组织能力的"原动力"。这部分主要是"小三流"数据，表现为人员素质信息、考核指标信息、知识碎片信息等。这是一个**"人力资源管理素材库"**。

第二个部分是底层的人力资源数据端口，即终端，由 HRBP 担任。在人力资源数据云平台之下，HRBP 充当了数据导入端口和政策执行端口。

一方面，他们收集业务部门的人员、流程、考核、知识等信息，以云平台所需要的形式进行上传；另一方面，基于数据云平台"算法"导出的结果，向业务部门提供专业的人力资源咨询的决策信息，甚至将核心的决策信息拓展为"可落地的解决方案"。

守正集团按照这一思路实施了变革。其一，升级了 eHR 系统（人力资源管理系统），扩展了系统对数据的收集范围和计算功能，搭建了人力资源数据云平台。其二，对 HRBP 进行了数据收集和平台计算功能使用的培训，并且明确其承担"数据 I/O（输入/输出）端口"的职责。

在李硕要求的限期内，陈默压线完成了变革。HRBP 们开始再次尝试为业务部门服务。奇妙的事情来了，有了人力资源数据云平台的支持，原来并不专业、底气不足的 HRBP 们变了样。

举例来说，同样是搭建一个业绩计量系统，在 HRBP 按照数据云平台的要求将标准运营流程信息上传至数据云平台后，平台自动对流程进行了分类（如服务流程、技术流程、管理流程等）和环节拆分（如输入、过程、输出），并分配了上传自其他业务部门的相同流程环节的若干建议指标，甚至根据纵向的历史信息和横向的其他部门信息提出了目标值的建议，以确保指标的设置能够让被考核者"跳一下，摸得着"。

此外，人力资源部也充分发挥了引导职能，花大力气建立了情报系统，主动引入若干外部企业的标杆数据，极大地丰富了平台的数据沉淀。另外，依靠系统自带的强大计算能力，考核过程一目了然，员工也能轻松上手。

不仅如此，HRBP 们在充当数据端口的过程中，逐渐摸清了业务部门的人员和流程，形成了对于人力资源管理实践的亲身体验，工作也越来越得心应手。业务部门的经理开始对他们另眼相看，真正把他们看作战略合作者。用一名业务部门经理的话来说，"以前的 HRBP，满口大道理，满口跑火车，给出的方案是飘在空中的；现在的 HRBP，满口数据、满口业务，是越来越接地气了"！

由于业务部门对人力资源数据云平台和 HRBP 产生了依赖，它们根本不可能也不希望甩开 HRBP 进行决策，HRBP 履行起监管职责来更为得心应手。此时，人力资源效能仪表盘充当了"预警器"，一旦某项指标低于或高于"预警范围"，它就会提醒业务部门要适时调整。例如，某部门如果超前提拔管理人员，导致超编率超过 10%，eHR 就会自动亮起红灯，而这一信息也会适时同步到人力资源部。于是，下面的情况总部一目了然，再也不用担心"失控"了。

这些变化都被李硕看在眼里，陈默开始渐渐"复宠"了！

HR 云平台

原有的事无巨细的传统管理模式，让 HR 如被"圈养"般失去了业务部门所需要的专业性。HRBP 由于长期居庙堂之高，仅仅了解内部政策，业务知识匮乏，难堪大用。另外值得关注的是，即使 HRBP 中有专业突出者，其下沉到业务部门后,又如何能够在传统企业匮乏数据的条件下进行人力资源管理的支持服务呢?

其实,"专业能力"和"数据沉淀"的问题都可以通过**"人力资源云平台"**的模式进行解决。"云"是一种将资源数据化并上传到云端,方便各个终端"随需调用"的资源组合形式。另外,在"云"上还可以对数据进行统一计算,并基于计算结果为各个终端配置资源。

在这种模式下,各 HRBP 充当数据终端,按照人力资源云平台的数据构架上传数据。一方面,解决了数据沉淀的问题;另一方面,利用人力资源管理软件(如 EHR 系统)本身具有的计算功能,也弥补了 HRBP 专业性的不足。

事实上,人力资源云平台的数据收集展示和计算功能并非 HRBP 专业性提升的源泉,它只是提供了一个 HRBP 相互学习的"维基百科",使得某个 HRBP 在制订方案时并非孤军作战,而是能够最大限度地吸收别人的经验。尤其是,这种经验很可能是别人实践和验证过的(例如别人上传的绩效考核指标,就可能是使用过,被证明是能够说明业绩的)。更奇妙的是,平台上的信息会随着大家的"维基"变得越来越有价值,并逐渐剔除无效信息。从另一个角度看,我们也可以说,人力资源云平台最大限度地促进了 HR 团队的组织学习,这才是 HRBP 专业能力提升的根本原因!

从根本上讲,人力资源部的专业性和影响力并非仅来自云端,而是来自终端每个下沉到业务部门的 HRBP。每个 HRBP 都成了人力资源部专业能力提升的原动力,他们是贡献者;人力资源云平台则将这种原动力整合为一个知识体系,他们又是受益者。

事实上,不管有没有 eHR 系统,人力资源三支柱的变革都应该按这种逻辑进行。eHR 系统的出现，只是让这种转型变得更高效罢了。

人力资源云平台能否形成如期的影响力，有两个关键点。

一是数据构架。人力资源数据纷繁复杂，究竟要收集哪些数据才能提炼出有价值的参考信息，形成专业支持？这就需要人力资源部率先进行数据构架设计。

人力资源部首先应该明确两大数据框架——"人力资源效能仪表盘数据集"和"人力资源标签数据集"，以此来建立数据仓。前者代表企业的人力资源工作思路，相当于"菜谱"；后者则代表企业的人才观（关注人才的角度），相当于"食材选择标准"。

每个数据集都包括了精心挑选的数据接入点，以关注企业自身独有的人力资源管理机制，避免了不必要的数据收集成本。围绕这两个框架收集的数据，自然能够清晰说明"人力资源工作如何产生组织能力（人力资源效能）"问题。

这当然是企业能否建立"人力资源云平台"的关键，但遗憾的是，很多企业的人力资源部都没有想清楚这两个方面的问题。头疼医头脚疼医脚，按部就班选、用、育、留，被不专业老板的乱指挥带偏节奏……依然是 HR 的工作现状。说得犀利一点，**HR 一把手缺乏数据构架，其实就是"没思路"**。

正因为看到了这个本质问题，我从 2010 年开始就投入这个领域，致力于为人力资源业界建立一套指标体系，通过"数据驱动人力资源效能提升"（iHRE™）等版权课程进行相关知识的普及。从目前的反馈来看，扁平化指数、激励真实指数、激励强度指数等指标已经得到业界公认，并产生了巨大的影响。这项工作才刚刚开始，人力资源专业在过去很长时间内留下的"欠账"，现在急需"补课"。

二是数据来源范围。更多的数据沉淀带来了更多的可能性，为深入业务的 HRBP 提供了更强的专业支持。从这个角度考虑，应该尽量让人力资源云平台的终端进一步延展，即组织"深度 BP 化"，以便获得更多的有效数据。

要让一个云端变得更聪明，显然应该让它获得更多的数据，学习到更多的经验。在这方面，穆胜企业管理咨询事务所做了大量的工作，每年发布的《中国企业人力资源效能研究报告》就是基于大量样本的数据化呈现，我们可以给出泛行业的指标、基线和规律。但这种工作还需深化到行业里，这部分工作，我们无法覆盖。举例来说，不断有学生问我：我们行业的人效指标应该是什么，基线应该是多少？说实话，没有调研就没有发言权，穆胜企业管理咨询事务所不是专门服务于具体行业的，所以不能确切给出答案。定人效指标，一定是基于对行业的深度理解；而基线一定是用样本数据"喂养"出来的。

所以，我的建议是：一方面，人力资源部牵头引入外部标杆数据，这也能形成云平台的初始价值；另一方面，人力资源部也可以思考如何在业务部门发展 HRBP 之外的终端，也就是考虑如何让 EHR 系统和业务系统打通，当然，这涉及企业"整体上云"的问题。如果达成这种状态，每个员工一定程度上也充当了终端，将自己形成的工作流信息导入人力资源云平台，他同样也能获得来自云端的支持。例如，某个岗位上，一名员工可以第一时间接触到其他人的最佳实践（如被验证的有效销售话术），这就不需要 HR 介入，而在线上自动完成了赋能。

按照这个方向发展，我们不妨大胆设想人力资源云平台的终极意义——每个员工都是 HR，利用云平台提供的强力支持进行自我管理。至此，人力资源才算真正地和业务融为一体！

第十三章

一支转型先锋队伍

如果平台型组织是趋势，组织中台建设就是"趋势中的趋势"。组织中台的意义在于，它们是变革中最重要的战略要地，它们的转型成功会带动其他组织模块发生变化，这种杠杆效应特别明显。但这个领域鲜有企业能够取得突破，甚至已经成了公认的组织转型瓶颈。可以说，意图转型成平台型组织的企业，都应该率先打造出"转型先锋队伍"，一旦这支队伍实现了突破，企业就有可能率先转型成平台型组织，并建立组织能力的巨大优势。

事实上，不少致力于组织创新的先锋企业已经开始行动，而且它们的行动的确有所建树，但却难言成功。本章，我们选取 BATM 四大一线互联网公司和京东这家准一线互联网公司，加上华为、海尔两家在组织创新上最前沿的传统企业，以它们在公开招聘网站上发布的财务 BP（简称"FBP"）和人力 BP（简称"HRBP"）岗位说明书为依据，结合对从业者的若干补充调研，对组织中台转型的背景、现状和趋势进行了研究，也给出了实实在在的转型建议。

双 BP，大势所趋

互联网和数字化时代，无论企业是否公开提及组织转型，你会发现，越来越多的企业开始重视财务 BP 和人力 BP（以下或简称"双 BP"）。当一线经营单元要求极致的灵活性，要求授权、激励、赋能下沉时，必然会挑战企业的人、财、法这类职能管理机构的顶层政策，考虑到人力和财务职能的核心地位，双 BP 自然成了一个平衡"经营"和"管理"之间矛盾的均衡器。

具体来看，这种趋势背后可能有三大原因。

一是解决组织结构问题，聚焦来说就是授权问题，在"一管就死"和"一放就乱"之间找到平衡。用足球运动来比喻，三台架构的划分只是形成了一种阵型站位，但三台架构要运转起来，还需要组织中台作为中场核心球员来穿针引线。市场变幻莫测，企业希望让一线听得见炮声的人来呼唤炮火，但又不敢给予一线无限授权。前面也谈到过，任何一个老板心里都有一个不便透露的决策原则——宁愿企业发展得慢点，也不愿意"失控"，他们宁愿"一管就死"，也不愿意"一放就乱"。这个时候，双 BP 就可以充当授权的一个平衡点，他们代表公司的利益，以特派员的身份进入业务，让权力的运作形成一个"隐形的边界"，从而解决了老板授权后的焦虑问题。

二是解决激励问题，在"一刀切政策"和"本地化需求"之间找到平衡。为了照顾整体，后台的激励政策始终是僵化的，优先考虑的一定是两方面：一方面是横向公平性，即不能出现苦乐不均；另一方面是总量控制，即在预算范围内释放激励，不能把钱发超了。这两个方面限制了激励政策的张力，使其注定是为"打工人"设计的。而当我们积极向一线授权，要求他们以"经营体"的方式来运作时，就必须基于经营体的特征释放对"经营者"的激励。横向的差距可能拉大，对于总量的控制也不再是严格参照静态的预算线，而是员工与企业一起"做蛋糕、分蛋糕"。此时，双 BP 在总部激励政策的框架内，设计若干本地化政策，按照业务推进释放强有力的激励，又充当了一个激励的平衡点。

三是解决赋能问题，在"专业方法"和"业务经验"之间找到平衡。人力和财务都是专业职能，专业必有其价值，但专业的规矩也意味着对业务的束缚。于是，几乎所有的业务部门负责人都曾经有过不切实际的妄想——抛开专业的管理方法，基于自己对业务的理解，用江湖方式拉一帮兄弟，埋头把事情做了。但几番折腾，结果大多是被现实无情打脸，即使小部分能够成功，也是业务部门负责人个人的成功，而非企业的成功，难以复制。事实证明，缺乏专业方法的业务经验，都是江湖玩法，难堪大任。此时，双 BP 与业务人员共同战斗，基于对业务的洞察导入专业方法，确保用科学的方式做大业务，又充当了一个赋能的平衡点。

我们所谈的"双 BP"趋势，不仅在于企业更加重视双 BP 或者设置了更多的双 BP，还在于他们对于双 BP 的角色有了新的定义。要达到上述三类平衡，BP 应该是 NBP（New Business Partner，新 BP），其工作内容注定不简单。

其实，严格意义上说，工业经济时代也存在这类矛盾，但由于市场环境相对稳定，上述矛盾未如此突出，普通 BP 通常就可以将其化解。但进入互联网与数字化时代，上述矛盾开始激化，普通 BP 的岗位设计好像一个气球，已经撑不住了。

旧定位，政策警察

要谈 BP，首先要谈谈三支柱。国内以前存在一个普遍谬误，认为三支柱模型是人力资源领域的，但实际上，根据我们的考证，财务部先于人力资源部推出了三支柱模型。

早在20世纪80年代，福特就建立了全球第一个财务共享中心，将财务部拆成类似三支柱的形态。80年代后期，杜邦和数字设备公司（DEC）建立了财务共享服务中心。直到20世纪90年代，戴维·尤里奇才在回应外界对于人力资源部的质疑中，提出了HRBP和SSC的理念，被后来总结为"三支柱模型"。

这种架构的设计理念是：COE负责做政策；SSC负责走流程；BP负责做执行。**形象点说，是COE在推动BP。**

那么，这种推动的效果如何呢？人力和财务两大部门的效率真的因此提升了吗？要说清楚这个问题，先得明确两个部门三支柱的具体运行模式。

先看财务部。一般企业的财务COE有几个基本模块（见图13-1）："资金"负责费用成本等花钱事项；"应收"负责收入这类收钱的事项；"税务"负责税务筹划、申报等事项；"报表"负责财务分析等事项。这几个模块覆盖了企业花钱、收钱的方方面面，不仅制定了政策，还制定了流程（如报销流程、应收账款管理流程）来监督这些政策的落地，控制了风险。至于政策的合理性，基于会计准则和杜邦分析法两大依据，稍微有点功力的财务管理者都不可能出现太大的问题。

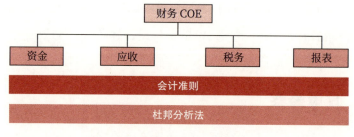

图13-1　财务部COE组织架构图

资料来源：穆胜企业管理咨询事务所。

再看人力资源部。一般企业的人力 COE 有几个基本模块（见图 13-2）：OD（Organization Development，组织开发模块）负责设计组织结构、核定编制，一般还会兼任一些人力配置的职能；OC（Organization Culture，组织文化模块）负责企业文化的建设、宣贯、考核等事项；CB（Compensation & Bonus 薪酬福利模块）负责绩效和薪酬管理；TD（Talent Development，人才开发模块）或 LD（Learning Development，学习开发模块）负责人才培训和开发。这几个模块覆盖了企业组织构型设计和人才选、用、育、留的方方面面，不仅制定了政策，还制定了流程（如入、离、调、转等）来监督这些政策的落地，以控制风险。当然，由于缺乏坚实的数据基础，HR 的政策最容易受到挑战，HR 负责人的业绩也很难被客观衡量。

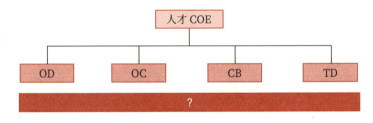

图 13-2　人力资源部 COE 组织架构图

注：问号表示人力资源部门缺乏专业基础。
资料来源：穆胜企业管理咨询事务所。

COE 的上述运作状态，决定了 BP 的运作空间。BP 进入业务单元，一般完成两个工作（见图 13-3）：一是**预算管理**，即按照公司的政策（效能逻辑）、预算口径，编制业务部门的财务预算（成本、销售费用、管理费用等）和人力预算（人员编制、人工成本、晋级晋档名额等）；二是**流程管理**，即按照预算额度运行标准流程，确保财务和人力资源的配置符合标准，内部服务、风险控制等职能都被放在这里。不管过去 BP 的岗位说明书写得多么天花乱坠，所有的工作描述（job description，JD）都能被归结为上述两个方面。

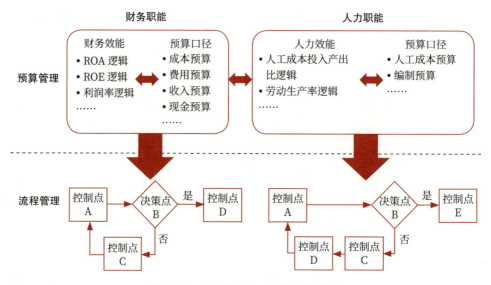

图 13-3　财务与人力 BP 的运作模式

资料来源：穆胜企业管理咨询事务所。

说到底，这种模式中的 BP 就是"政策警察"，他们既不能影响顶层的政策，又不能影响具体的业务，并没有多大的发挥空间。在这种设计下，要当好 BP 根本就是一道"无解的题"，靠的似乎是人情练达。只有依靠这个法宝，BP 才能向上争取更多的政策空间，向下确保政策被业务负责人理解。当然，对于专业的理解自然可以促进这种"协调"的效果，但此时的"专业"相对于"刷脸"是次要的。

但进一步看，"刷脸"能力表面体现的是 BP 人情练达，本质上还是 BP 获得的授权空间。2011 年，京东人力资源体系开始引入三支柱模型。在起步阶段，HRBP 与 COE 和业务部门的磨合并不太顺利。真正的转机出现在 2014 年，随着公司上市和组织架构向事业部制升级，HRBP 获得了更大的权限，开始真正实现对业务部门的赋能。HRBP 的价值之所以被认可，自然有经验和方法论累积的原因，但更多还是因为获得了更大的权限。

现实中，面对这道"难解的题"，FBP 和 HRBP 的姿态大不相同。FBP 可以用财务政策说事，尽量回避与业务人员的具体交流，躲在 COE 里。我辅导的某家企业，被老板逼问出一个笑话——业务部门居然不知道自己的 FBP 是谁。而 HRBP 必须处理选、用、育、留的具体事务，根本无法回避业务人员，只能下沉。所以相当一部分企业里，大家对 HRBP 有感觉，但对 FBP 没感觉，甚至有很大部分的 FBP 还是 COE 成员兼任的。

正因为这种原因，华为干脆对 BG 的 FBP 给出了这样的定位——"与业务主管共同对经营指标的达成负责"，对于次一级的区域 FBP，定位也相似——"作为 ×× 的业务伙伴和价值整合者，确保面向客户的经营目标的完成"。矫枉必过正，这也算是一种办法。

新趋势，夹层出现

现在看来，COE 推动 BP 的逻辑似乎发生了变化，**BP 开始拉动 COE，战略地位变得更加重要**。在有的企业，BP 甚至还兼任了部分 COE 的功能，即通过"换位"的方式做 inside-out（两个位置之间切换），BP 往往是带着一线的感知回到 COE 制定政策，再带着政策回到业务部门做落地执行。

目前来看，BP 主要有两类，其定位与职责都在发生明显变化。

第一类是事业部（BD）、事业群（BG）、业务单元（BU）层面的 BP，这种角色类似小 CFO 或小 CHO⊖。实际上，很多企业在招聘时都没有以 BP 的名义进行，而是直接给出财务总监或人力资源总监的头衔。为了实现事业部这一层

⊖ CHO，首席人力资源官。

面的灵活作战，企业为其建立人力、财务等职能体系是必需的，但从经济性的角度出发，显然又不可能参照总部职能体系的规模。于是，设置 FBP 和 HRBP 就成为必然选择。传统模式中，在总部有政策的前提下，这个层面的 BP 似乎只需要在政策的框架里配置人力和财务两类资源，为业务的发展输送弹药。

第二类是事业部下属各级区域的 BP，这类角色更偏执行。传统模式中，他们似乎只需要按照事业部 BP 确认的政策细则，确保区域业务部门照章办事即可。

在传统 BP 的工作中，"预算管理"直接下沉到"流程管理"，中间没有任何基于业务逻辑的缓冲，是一套异常刚性的模式。这种刚性导致了 BP 只有通过"刷脸"来协调总部与业务部门之间的分歧。

现在，部分大企业似乎意识到了这一问题，开始在"预算管理"和"流程管理"中补充一个**"夹层"——强调基于业务来定制本地化政策，让预算更合理地（通过流程）配置给业务，以便实现更加直接的激励和赋能。**而这类需求，在以前的两类 BP 的岗位描述和素质要求中，都是没有过的。

以 FBP 为例，我们观察的标杆企业岗位说明书的新要求可以归纳为**"基于业务建立财务模型"和"锁定关键指标"**（见表 13-1）。字节跳动虽然没有对 FBP 这个角色提出此类要求，但针对类似职能单独设计了"商业分析"或"经营分析"的岗位。可以说，它们将该项职能的重心放在了业务端，倾向于通过业务数据的分析来拉动财务数据的分析。

表 13-1　标杆企业 FBP 岗位说明书的新要求

企业	岗位说明书新要求
阿里巴巴	• 支持 BU 重要业务决策及业务战略规划，业务创新中搭建业务**财务模型**，支持项目落地、商业孵化等

(续)

企业	岗位说明书新要求
美团	• 按期出具经营分析数据及分析报告，制定关键**业务指标**及**分析体系**，与业务建立双向反馈机制 • 对业务方案进行风险评估，建立定期的业务和**财务数据跟踪体系**，随时跟进，定期反馈
京东	• 了解新业务并建立**财务模型**，为事业部及公司的决策提供有力支持 • 带领事业部的财务人员，协助业务部门建立**可量化**的KPI，跟踪结果，提高财务收益

资料来源：穆胜企业管理咨询事务所。

以 HRBP 为例，标杆企业岗位说明书的新要求主要是**"基于业务制定人力资源战略，并提供人力资源解决方案"**（见表 13-2）。遗憾的是，在大部分标杆企业的 HRBP 岗位说明书中，我们并没有发现针对人力资源的量化模型或人效管理的部分。这显然是基于人力资源专业的传统，但无疑为 HRBP 的价值发挥留下太多隐患，唯有华为提到"与 HRM（即 COE）对齐相关人资指标，通过开展人力资源的各种专项工作，以及对人资数据分析，有效支撑业务的发展"。我们推测，这来自华为强大的人力资源数据体系，他们既有 W3 系统形成的庞大数据仓库，又有每年推进的数据化研究项目，这方面沉淀的实力确实强悍。

表 13-2 标杆企业 HRBP 岗位说明书的新要求

企业	岗位说明书新要求
阿里巴巴	确保业务战略在自己所负责的领域正确地落地，为战略落地提供组织诊断和方法论支撑
字节跳动	了解所支持部门的业务状况和团队运作情况，理解业务战略并促进人力资源战略在业务部门有效实施
京东	通过提供在专业领域（如人才管理、人力规划、变革管理）的咨询和支持，帮助执行业务战略

资料来源：穆胜企业管理咨询事务所。

上述要求都是基于具体业务产生的。说到底，过去 BP 可以刚性地应用总部的政策，即遵循基于公司的财务和人力资源模型形成的标准，现在 BP 则需要将这种模型进行本地化应用，建立具体业务的财务模型（说清楚业务与资金的合理关系）和人力资源模型（说清楚业务与人力的合理关系），并提供定制化的激励和赋能。要求之高，既为BP的事业拉开了新的空间，也挑战了BP能力的上限。

与此同时，我们还发现了"第三类BP"，即中、后台的BP，这是新出现的一个角色。例如，华为为制造、供应链、质量等部门配置了财务BP；美团为职能平台配置了财务分析专家；字节跳动为法务团队配置了BP……按理说，最需要授权、激励、赋能的是前台业务部门，中、后台并没有直接的经营职责，不太受市场变化的冲击，只需要按部就班履行职责即可。

这个角色在互联网大厂越来越多地出现，只能说明两点：一是这些部门越来越受到前台拉动，越来越能感受到市场的冲击；二是这些部门的经营价值越来越被重视，企业在走向平台型组织的过程中有了深刻的共识——前台能否跑起来，关键看中、后台。

尽管有了这种认识，但互联网大厂的这个角色仍都处于探索阶段，其职责依然是以风控为主，激励和赋能作用并不明显。道理很简单，中、后台的经营属性不明显，价值交付相对模糊，BP的作用自然不是促进产出，而是控制风险。例如，美团为职能部门或支持部门设置的FBP，其功能除了完成预算与分析之外，主要关注点是"审批项目预算及合同，对成本费用进行追踪"，以及"把控业务流程风险，优化系统流程，推进方案实施和改造"。

事实上，不管岗位描述如何写，中、后台的BP都会面临这种尴尬。但这个问题不是BP建设本身能解决的，只有通过组织转型才能解决。只有企业转型为平台型组织，中、后台的经营属性才能得以明确，中、后台BP才有激励和赋能的方向。组织中台的角色除了深入前台,是否会渗透到业务中台与后台?让我们拭目以待。

进化墙,纠结徘徊

标杆企业做得如何呢?我们建立了一个简单的评估体系,从四个角度对它们组织中台双 BP 建设的现状进行盘点(见图 13-4):

◎ 渗透率——代表有没有派出 BP,有没有走到业务中去。
◎ 话语权——代表 BP 对于业务究竟有没有影响力。
◎ 专业度——代表 BP 究竟是通过"刷脸"还是通过"专业"来影响业务的。
◎ 劣后性——代表 BP 的定位究竟是辅助者,还是与业务负责人一起承担经营结果的人。

评价维度		1级	2级	3级	4级
评价维度	渗透率	√	√	√	√
	话语权	×	√	√	√
	专业度	×	×	√	√
	劣后性	×	×	×	√
状态描述		政策警察	组织政委	顾问专家	联创伙伴

图 13-4 BP 进化四阶段模型

资料来源:穆胜企业管理咨询事务所。

这几个维度显然存在明确的递进关系。首先,具备了渗透率,才有话语权。如果不在业务中,就不知道一线发生了什么,有再大的话语权也不敢轻易使用,一定会被业务牵着鼻子走。其次,具备了话语权,才能有专业度。如果 BP 说话没人听,再强的专业度也没有办法发挥。这有点像咨询顾问为企业提供帮助，如果没有老板或分管高管的强力支持，再专业的顾问也会被不断挑战。最后，具备了专业度，劣后才有意义。如果 BP 没有专业价值，把他们绑在业务上，只会增加一些"啦啦队"，并不能增强业务团队的实力。另外，让 BP 劣后必然意味着要给予他们利润分享空间，而 BP 如果没有专业价值，为什么要浪费业务单元的利润呢？

基于这种递进逻辑，我们将组织中台双 BP 的状态分为了前面提到四个级别。这里，我们不妨基于财务和人力职能的业务场景，将四个级别展开描述。

◎ 政策警察（1 级）：相对传统，工作被动，紧盯红线，仅仅能够确保总部政策落地。这个阶段，由于立场不同，业务部门往往对其比较反感。这会导致两个结果，BP 要么不能融入业务，要么"叛变"，被业务负责人收服而失去立场。

◎ 组织政委（2 级）：在专业领域拥有话语权，能够主动出击，基于专业常识参与团队决策，在确保总部政策落地的同时，还能洞察和纠偏隐性的团队状态。这个阶段，BP 由于手握尚方宝剑，管辖范畴也更大了，业务部门对 BP 还是有点惧怕的，在口头上一定会认可 BP 的价值，心里怎么想，那就不一定了。

◎ 顾问专家（3 级）：基于专业方法论（而非常识）参与团队决策，以推动业务增长为目的，为业务部门提供专业化的激励和赋能。这个阶段，由于具备了专业方法论，BP 开始打造预算管理和流程管理之间的"夹层"，他们不再说"正确的废话"，往往能够一针见血地找到问题的病灶，对业务的影响力更大。于是，他们不再以"纠偏"为目的，而是推动业务的增长。业务部门对于 BP 的价值感大大提升，甚至有点离不开对方。

◎ 联创伙伴（4 级）：基于专业方法论（而非常识）和战略视野参与团队决

策，以推动经营为目的，为业务部门提供极度定制化的激励和赋能。这个阶段，由于利益被绑定，心态自然不同，BP把自己当成了业务团队的联合创业者。过去他们关注能否推动业务，现在则关注能否获得经营的结果，格局更大了，提供的方案更接地气了，"夹层逻辑"在多次实战的尝试中，已经成熟。

基于上述评估体系，就我们的调研结果来看，七大样本企业的双BP几乎都处于组织政委（2级）和顾问专家（3级）之间。**他们能够当好组织政委，但很难进阶到真正的顾问专家。**

需要强调的是，这并不是因为BP的专业方法论不足。实际上，各大标杆企业都有一套自己的"BP方法"。这些方法大多来自财务和人力资源领域的经典实践，例如，阿里巴巴、京东等企业都公开披露使用了"价值观—绩效"二维矩阵进行人才盘点；又如，几乎所有企业都使用了"观察—分析—行动—改进"等问题解决流程；再如，几乎所有企业都使用了ROI和EVA分析……说到底，标杆企业吸引来的都是高素质专业人才，将两个领域的经典工具挑选、修改、整合、沉淀，自然可以形成自己的体系化专业方法论。

更有一些企业，基于自己对于BP的独特要求，提炼出了极具特色的专业方法论。例如，阿里巴巴对于其"政委"（HRBP）的主要要求是价值观渗透和变革推动，他们的"闻味道、摸温度、照镜子、揪头发、搭场子"五大特色工作都是围绕这类主题。再如，华为的HRBP有模型V-CROSS，定义了战略伙伴、HR解决方案集成者、HR流程运作者、关系管理者、变革推动者、核心价值观传承的驱动者六个角色。公司的良好业绩、简单明了的工具梳理，加上极具穿透力的概括，华为的这些BP方法论自然成为业界追捧的对象。

但是，无论有多少成功案例主张这些工具的价值，实施效果的达成还是需要前提条件的。调研中，绝大部分受访者反映，BP 的个人能力决定了工具能产生多大的作用。一位受访者的话很有代表性："哪有那么多新招？工具还是那些工具，都不神秘，关键是用的人要给力。"说到底，这些并未被极度量化的方法要起作用，很大程度上仍然依赖于 BP 个人的"手感"。

工具不够量化只是表面现象。更深层的问题是，这些工具始终没有涉及"夹层"的问题。如果没有填充好"夹层"，没有基于业务来建立专业模型，明确人力和财务如何做，业务部门不可能获得合理的资源，也不可能获得合理的赋能。于是，双 BP 对业务的推动有限，自然难以进阶到联创伙伴。把价值创造的配角绑定到一起来为业务劣后，对业务能有多大意义呢？这样看来，标杆企业岗位说明书的要求似乎跑在了实践的前面。

在填充"夹层"上，海尔和华为可能是做得比较有突破的两个标杆案例。

海尔特别强调 HRBP 在释放激励上的灵活性，为了激励业务部门争取高目标，他们被授权为不同业绩水平做"加速激励"，达到高业绩不仅能有更大额度的奖金，还能分享超额利润，即业绩越高，激励越大，后者增长快于前者。它们敢于授权让 HRBP 定制激励方案，还是基于一系列模型建立的标准，如宙斯模型、二维点阵、顾客价值表、共赢增值表等。

华为依靠标准化的流程模型（如 IPD、IFS、ISC、M2L、L2C 等），将企业的业务流、人才流和资金流都进行了数字化。以 IPD（集成产品研发）流程为例，每个研发节点都会有相应的投入产出比评估，数据收集和测算都在 IT 系统上完成，自然降低了对于 BP 个人的依赖。

那么，这两家企业是否顺理成章地在 BP 劣后性设计上有突破呢？

有意思的是，华为尽管在岗位说明书上对 BP 有共同劣后的要求，但实际操作中，BP 的浮动薪更多与业务部门的业绩间接关联，即考虑 BP 对于业务支持的表现，由业务和职能部门领导共同商议决定。换句话说，华为的 BP 在激励上没有达到分享利润的程度。海尔最初也未将其激励与业务部门（小微生态圈）的业绩直接挂钩，直到 2019 年开始推进"链群自组织"后，BP 才在"增值分享"上与链群进入了统一逻辑。当然，由于尚且处于试水阶段，海尔 BP 的增值分享一般只占到其总收入的 10%～20%。

这些企业在 BP 劣后性设计上的"相对保守"，可能有三个原因。其一，希望 BP 立场中立。正如一位华为受访者所言："华为把财经和人力资源作为防范业务风险的堤坝，要求它们具有相对于业务的独立性。"其二，考虑 BP 对于业务的贡献程度。前文已经反复提到，当 BP 的贡献不能达到分享利润的级别时，共同劣后的设计就没有意义。换言之，在这个方向上，标杆企业还有巨大的提升空间。

其三，还有一个值得注意的角度。在七大企业里，尝试双 BP 深度协作的，仅有海尔。2014 年，海尔将财务、人力、战略等角色的 BP 整合到一起，成为一个名为"三自"的 BP 团队，意为推动业务部门自创业、自组织、自驱动。这让他们率先找到了 BP 之间的合作界面，在这种模式中，HRBP 和 FBP 之间的职能出现交叉，成熟的"三自"组织里，两者甚至可以相互换位。这可能是不少企业需要对标学习的，也是大势所趋。

找病灶，终极解法

按照上面的逻辑分析可以发现，现在大多企业的双 BP 建设可能都存在方向性错误。这里，我们暂且不分析相对缺乏存在感的 FBP，而是分析炙手可热的 HRBP，它俨然已经分为了几个流派。

一是专业派。他们依靠相对专业的选、用、育、留方法论，在总部的预算范围和制度框架内，设计落地的解决方案（如职位晋升、奖金发放等），让业务部门的队伍健康发展。人力资源管理的专业意义毋庸置疑，科学的方案对于业务部门和公司自然有重要意义，当然，前提是方案本身要有质量。

二是文化派。他们依靠较强的人际感知能力，基于对公司文化的理解，帮助组织成员理解政策、舒缓情绪。这类 HRBP 特别擅长在变革中充当润滑剂，释放价值，他们的这些工作也的确可以缓解业务部门负责人和老板的焦虑。

但两个流派对于业务的推动都不够直接，给 HRBP 的舞台太小了，都不足以让他们创造真正的价值，这自然也不是我们期待的组织中台。于是，看似天花乱坠的功能很容易被业务部门认为是"花活"。当然，从积极的角度看，这些"花活"的确也为 HRBP 的迭代争取了更多的时间。

尽管方向明确，但要让 HRBP 和 FBP 自带方法论去建立模型，赋能与激励业务，还是有点强人所难的。一次，当我在某家企业抛出这类定位，倡导双 BP 转型时，FBP 沉默不语，不置可否，而 HRBP 则当场回怼，"您描绘的东西很美好，但我们做不到"。事实上，大多传统的 HRBP 和 FBP 内心都是这样想的，他们嘴上不说，无非是害怕暴露自己的胆怯罢了。

但我们不应该去责怪他们，**从本质上看，这种僵局还是因为企业缺乏知识沉淀，缺乏方法论**。

穆胜企业管理咨询事务所曾经为一家企业提供平台型组织的服务，其中一项重要任务就是打造双 BP 为首的组织中台。但在实践中，FBP 和 HRBP 都坚持自己只能"显差"，计算目标和现状之间的差距，根本不能从专业上找到问题的症结。至于如何"关差"，更是提不出任何建议。这个案例也引发了三个需要回答的问题。

其一，双 BP 应该做到这种专业程度吗？换个问题，如果是一个咨询公司和甲方进行讨论，前者不能在简单的交流中找到后者的症结，就给出大概的改革方向，后者会买单吗？恐怕是继续交流下去的可能都没有了，更不用说买单了。而买单，就是对于咨询公司价值的最大认可。优秀的咨询公司必然有自己的"套路"，这些套路来自知识沉淀后形成的方法论。现实是，大多企业的人力资源管理和财务管理照本宣科，缺乏有效的方法论。我辅导的一家企业在招聘 CFO 时，我询问老板对于任职者的主要要求是什么，老板居然回答，"让财务数据反映业务变化"。这要求高吗？他为什么会提出这种要求？

其二，业务部门应该有自己的套路吗？当我们询问业务负责人如何"关差"时，他们也是一头雾水，说到底就是"摸着石头过河，边走边找路"。但问题来了，它们并非初创企业，十余年的摸爬滚打中难道没有一点在业务上的"套路"总结吗？业务部门都说不清打法，却要靠 HRBP 和 FBP 来解围，这合理吗？

其三，企业要业务部门承接战略，要双 BP 确保业务部门承接战略，但企业老板和高层对于战略的理解真的透彻吗？即使他们理解透彻了，他们又向员工说清楚了吗？我们看到的现状是，大多企业将战略解码等同于经营指标拆解，只是粗暴地往每个事业部压利润指标，然后留下一句"赚多少再说，反正不能亏"。这类企业里，公司层面的财务和人力资源模型本来就简单粗暴，缺乏张力，又如何能够要求 HRBP 和 FBP 在业务层面无中生有呢？

从那个时候我们就肯定，要让组织中台这个"腰"硬起来，不能仅培训人才，更要迭代专业，不能仅改变两个部门，更要影响公司的底层逻辑。回顾海尔和华为的例子，其双BP之所以能对业务施加有效影响，实际上也是因为企业全面推动了模型化、数据化、基线化。

千里之行，始于足下。**从打造双BP的角度切入，倒逼专业的迭代，影响公司的底层逻辑，可能是一个相对轻巧的方法。**于是，我们为双BP群体定制了一系列方法论，希望帮助他们突破"夹层"，建立基于业务的专业模型。这可能需要搭建专业方法、业务逻辑、数据工具、经营理念四大模块，并连接形成体系合力（见图13-5）。

◎ 第一步，专业方法和业务逻辑的融合，其目的是以专业助推业务科学增长。
◎ 第二步，以数据工具倒逼专业和业务，其目的是让专业和业务从"语文题"变成"数学题"，变得更加量化且可控。
◎ 第三步，以数据工具助推经营理念落地，实际上就是数字化的战略解码，这显然会增加战略落地的可能性，在极大程度上推动经营。

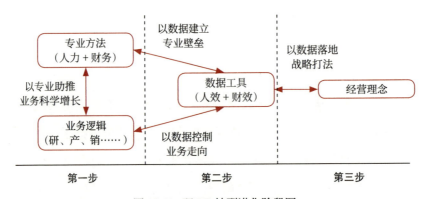

图 13-5 双 BP 转型进化阶段图

资料来源：穆胜企业管理咨询事务所。

进一步地，我们也对双BP的合作界面和流程进行了设计，希望能够推动这对黄金搭档早日珠联璧合。

实践中，双BP的培养是组织转型绕不过去的关口。千万不要有这个群体可以"一点就通"的妄念，对于这类企业核心人才的培养，应该有足够的耐心，按照"我说你听→你说我听→我做你看→你做我看"的逻辑按部就班地进行：一方面是通过培训导入基于业务的专业模型；另一方面是让这些模型快速进入实操应用，落位到前面所讲的"滑梯模型"（见图10-5）的每一个阶段。另要提醒的是，对于这类人才的培养，老板或核心高管应该亲自主抓。

"数据"和"算法（模型）"都是上述双BP进阶方法论体系的核心。我们相信，这套方法论足以帮助双BP建立基于业务的专业模型，但模型的精准是基于数据的"喂养"。换句话说，哪个企业先形成了数据的优势，就有可能形成组织中台的爆发力。其实，人力资源业界也有这样的例子，人力资源部门转型三支柱后，新成立的SSC会推动人力资源工作的模型化和数据化，而且能够给HRBP开展工作带来极大支持。

说到这里，读者应该不难理解我为何在前文的三台架构部分提到中、后台的"数字化"或"数智化"了。如此看来，企业走向数字化变革，走向"整体上云"，真的是无法回避的趋势！

第十四章

两条组织转型路径

到目前为止，我们已经基于平台型组织的原理，推导了其所需的四大构件，而后，又根据四大构件中能够影响的部分，锁定了企业能够推进的三大变革：三台架构（组织结构）、市场化激励（激励机制）和知识流赋能（赋能机制）。

按照常理，一个企业要推进组织转型或组织创新，显然应该按照"三台架构→市场化激励→知识流赋能"的路径来实施。理由很简单，先要切分出合理的组织模块，而后才能按模块进行激励，最后在每个组织模块都产生动机后，赋能才会被接受，也才能有的放矢。最初，穆胜企业管理咨询事务所实施的若干平台型组织项目也正是按照这种路径推进的。

但对于一些经营业绩出色的企业，传统的组织转型路径可能让它们两难：它们既不愿意在大好形势下冒风险去实施组织转型，也不愿意因循守旧、与趋势为敌，最终错失了组织转型的时间窗。

经过若干年的实践，我们逐渐发现了另一种可能，即按照"知识流赋能→市场化激励→三台架构"的路径来逆向实施组织转型。知识流赋能以"文本协作"来形成激励机制，重塑组织结构，未尝不是一条转型路径。

企业的需求不同，可能选择的组织转型路径也不同，有的选择激进疗法，有的选择保守疗法。没有什么绝对的对与错，关键在于自己的需求。

在《平台型组织：释放个体与组织的潜能》一书中，我曾经为意图推送组织转型的企业给出过"平台型组织转型六步法"，那套方法更像是基于激进疗法呈现的框架模型。本章，我们将基于两种路径，给出更加具象化的"实施路线图"。

激进疗法

采用激进疗法的企业应该意识到，尽管路径激进，但转型依然需要在一个长周期内才能完成。正因如此，企业应该有一个 3～5 年的组织转型规划，基于组织终局的设想，确定每个阶段的里程碑，稳步实施，逐步落地。

一般来说，这种规划以打造三台架构为主线索，分为三个阶段。

第一阶段的主要任务是打造市场化的前台和组织中台。

要改变企业内的组织模式，只是讲道理、出文件是没用的，首先要打造出属于企业的"深圳特区"。讲一百句道理，不如给一个案例。

这个阶段，企业应该选择几个项目，组建前台经营单元，试运行自主经营的模式。这个阶段的里程碑是，前台经营单元能够感觉到打仗更舒服，团队的能力和意愿都大大提升，项目成功概率更高。最好的效果是，他们能赚到钱，其他人会眼红。做到这一点，后续的组织转型就会变得顺利很多。

我们说过，前台不应该是销售节点，而应该是一个 MVT 形式的小闭环公司。这意味着，应该基于几个项目的市场需要，选择前台经营单元的合伙人（BP）。这些 BP 通常来自业务中台，有点业务中台"BP 化"的意思。同时，为了避免前台团队"一放就乱"，也为了让前台团队获得充分的"授权""激励"和"赋能"，还应该让双 BP 进入 MVT，参与价值创造的闭环。换句话说，在组织转型的初始阶段，企业就应该有意识地培养组织中台，打造"腰部力量"。

当前台组建了小公司，它们必然需要市场化激励。所以，应该针对这个小公司做三段式薪酬改革、漏斗式分配、合伙式奖金和三预一致的变革，将它们的收益最大限度与经营业绩联动起来。

与此同时，在聚光灯之外的培训部门或企业大学也需要开展支线任务。它们应该尝试初步建立赋能机制，明确企业知识管理的核心主体，形成企业知识的框架模板（尤其是最内圈的经营知识），推出知识管理的基础运营标准。千万不要小看了这条支线，到了转型的中后期，它可能很大程度上决定了成败。

第二阶段的主要任务是打造市场化的业务中台。

前台"深圳特区"的成功，让企业有信心将经营单元的模式推广到更大范围。

当前台接受了直接的市场压力，它们一定会将压力传递到中台，尤其是业务中台。这个阶段，由于前台的"小公司"更多了，这种压力是并发式的，业务中台的改造变得势在必行。这种改造主要分为两个方面。

一方面，进入前台的业务中台 BP 需要改造。此时，进入前台的可能不仅是来自业务中台的 BP，而应该是小职能团队。举例来说，如果一个供应链 BP 可能拉不动供应链部门的政策和资源，那么前台可能就需要一个两三人的供应链职能团队。

另一方面，业务中台的母体部分也应该进行改造。它们必须以前台的需求为出发点，思考如何提供柔性的中间件。它们会总结自己的底层方法论，并基于前台的业务场景，提供乐高积木一样的模块化交付，柔性匹配需求。

面对前台的汹涌压力，大多业务中台会采用强势对抗的姿态，坚持自己的专业主义。面对这样的局势，企业不要惊讶，这就是人性。要打破它们的执念，不要光讲道理，要上激励。此时，一定要让业务中台的业绩和前台紧密关联，换句话说，业务中台的赋能效果决定了它们获得的收益。

当业务中台被需求拉动和被激励推动时，便具有了强烈的转型意愿，企业就应该匹配强力的赋能机制。业务中台的负责人本来就是知识管理的核心主体，他们会突然发现，在第一阶段启动的赋能机制变革根本不应该停下来，而应该继续深化。没有知识体系的保障，无论是派驻到前台的合伙人，还是留在业务中台母体的员工，都是在低效运作。

第三阶段的主要任务是打造市场化的后台。

当前台又有一批小公司获得了成功，企业会有坚定的决心把经营单元模式覆盖到全公司。此时，业务中台和组织中台必然会迎来更大的挑战，它们的压力无处释放，必然涌向后台，而铁板一块的后台又成了它们绕不过去的阻碍。

这个阶段，必须整合中台的需求，让后台有所行动。而真正让后台能动起来的，只有高于后台的权力机构——合伙人团队。合伙人团队应该是在前一个阶段就已经成立了，但那个时候的他们只是在"找感觉"，这一阶段的他们才需要"打硬仗"。这个阶段，他们必须频繁输出价值理念和战略内核两方面的成果，并对资源洼地和共享机制的建设给出具体要求。

当中台基于短期目标提出了需求，当合伙人团队基于长期目标提出了需求，后台就会被逼入转型的轨道。为了保持它们的势能，也为了推进平台型组织建设，后台这种转型动作必须用结果来衡量。它们的考核分为两个部分：一是对中台的赋能效果进行考核，这是考虑短期产出；二是对于合伙人团队部署的执行情况进行考核，如数字化建设进程等，这是考虑长期产出。对于前者，其超利分享是前台按照漏斗式分配时"漏"下来的；对于后者，应该使用战略拨备金来进行专项考核，但战略拨备金也是从前台经营业绩里提取出来的。

保守疗法

采用保守疗法的企业一般都处于业绩的快速提升期，它们害怕组织转型打乱这种增长节奏，更希望进行"小迭代"，一次次"做加法"。这样的思路完全没有问题，但尽管是做"小迭代"，也应该有"大格局"，同样需要进行 3～5 年的规划。

一般来说，这种规划以打造知识流赋能为主要线索，也可以分为三个阶段。

第一阶段的主要任务是建立文本协作规则，形成知识流赋能。

如何让一个业绩飞速提升的企业好上加好？事实上，从外部引入的组织创新、管理模式等很难说服牛气冲天、傲视天下的员工，因此我们只能选择用"魔法打败魔法""以彼之道还施彼身"。于是，我们希望总结这类企业的最佳实践和常见教训，让它们以"知识流"的形式渗透到组织的每个角落，这让老板和员工都很难拒绝。

这种想法不错，但如果以知识管理的形式推进，依然会招致"耽误打仗"的质疑。因此，我们可以换个思路，让知识的萃取、整合、推送、变现，在打仗的流程里实现闭环，这就是所谓的文本协作。

具体来说，在企业内选择若干项目进行试点，每个项目都以一个核心文本作为底层逻辑，来开放式地吸纳成员，组成项目团队。不管员工来自哪个部门，只要能够为完善核心文本提供知识或信息，都可以进入项目团队。

举例来说，一个电商企业某阶段战略性的拉新，需要制订一个详细的行动计划，这个计划包括需求侧对目标客群需求的洞察，也包括供给侧对货品供应能力的洞察，更包括对该目标客群增长逻辑的洞察……当若干成员加入这个项目团队，就能以维基百科一样的协作方式完善这一行动计划。如果遵循我们的假设，员工完成任务的过程不过是将各类知识在应用场景中"变现"而已，那么有竞争力的核心文本，必然能够带来好的项目结果。

项目参与者很可能是在本职工作之外做非常规的事，他们最初可能是基于热情，但随后热情肯定会逐渐降温。从另一个角度说，企业也不能压榨参与者的这种热情，而应该在最初就导入激励，认可这种贡献。此时，发放项目奖金可能是一个不错的选择，但一定要界定项目参与者的范围，同时也应该有明确的价值量化的方法。

第二阶段的主要任务是导入知识交易，形成市场化激励。

这个阶段往往是企业很难跨入的，道理很简单，业绩增长迅速的企业已经在第一阶段俘获了红利。现实中，不少企业在激励上都做得比较粗放，仍然是在跨边界组建项目团队的基础上，用360度绩效考核法等传统方法来衡量业绩，然后再发点增量奖金，显然这种方法是不靠谱的。这类企业的悲哀在于，它们只是身在起点，就天真地以为自己已经到达了终点。

知识本身是有价值的，但很难衡量价格。当员工习惯了以维基百科一样的方式创造知识时，为知识定价（格）就成为当务之急。要实现知识的定价无非有两种途径：一是让知识的贡献者作为合伙人参与项目；二是让知识的贡献者作为外包商提供封装式的交付。当然，在此之前，我们首先要明确前台项目到底价值几何。有了这个基础，项目团队才能进行超利提成，才能进行内部分边，它们也才能给企业里的内包团队支付对价。

这种市场化激励联通了企业内每个掌握知识的节点（员工），让知识碎片能够迅速萃取、整合、推动、变现，让知识创造的成果喷涌而出。越多的知识创造，越能产生好的经营业绩，好的经营业绩又能形成更强的激励，促进更多的知识创造。

第三阶段的主要任务是进行组织结构整合，形成三台架构。

当企业导入了市场化激励时，必然最大限度地促进员工的跨部门协同，一种更加灵活的组织结构就呼之欲出了。那么，应该往哪个方向进行组织结构调整呢？

传统的金字塔组织结构中，为了确保部门能够封闭运转，必然存在大量职能的重复设置。当两个部门都有同一项职能时，其业务逻辑是很难对接的，结果就是各玩各的。对于企业来说，不仅是产生了当下的职能设置成本，更有未来的协同成本。

当企业初步打破部门和层级的边界时，员工就能带着自己的知识进行流动，他们自我经营的效果就一目了然了。此时，企业完全可以按照市场化激励的效果，合并一些重复的职能，甚至剔除一些水平不高的员工。其实，如果按照上面的改革思路，此时即使企业不让低水平员工走，他们自己也会走。道理很简单，这种市场化的环境，本身就会让"南郭先生"原形毕露。

需要强调的是，这里并不是让企业没有组织架构，基本的组织架构形成了员工在自由协作之外的归属地，他们的知识需要沉淀在这些地方，这些地方也是企业真正的竞争力。因此，前台的重复职能应该被整合到中台上，中台的重复职能应该被整合到后台上，企业应该走向极度精简和共享的三台架构。

其实，这种方式对于留下来的精英员工也是有吸引力的，他们的利益和成就感可以同时在不同组织模块里实现。举例来说，一个业务中台部门的 BP 在进入前台项目团队完成阶段性任务之后，他可以回到原来的部门进行知识萃取、整合，他自己也可以同时获得来自前台和业务中台的奖金。

放弃也是一种选择

在推广平台型组织的过程中，我和我的团队得到了若干企业的热情反馈。也难怪如此，对于组织模式的发展方向，稍有认知水平的老板都不会拒绝。但我在与部分企业的老板接触后，劝他们中的一部分放弃这个念头。我必须诚实地表达自己的观点——不是所有的企业都适合转型为平台型组织。

其一，没有澄清价值理念的企业不适合做平台型组织。

有的老板导入平台型组织，实际上只是想用这种组织模式来"让员工更听话"，而不是"发挥他们的创造力"。正因为这样的初衷，他们始终把员工当作"劳动力"，以"赏点碎银"的方式去驾驭人性，他们既然不敢授权，也不愿激励，更无法赋能。

一旦与这种老板一起推动组织转型，我们的每一个变革动作都会让他们倍感煎熬。于是，企业进也不是，退也不是，变革到最后不伦不类。其实，这种结果是多输：老板输，没有达到他的期望；员工输，被折腾一番后原地踏步；咨询机构输，花费精力做了个失败案例。早知今日，何必当初？

其二，没有澄清战略内核的企业不适合做平台型组织。

有的老板希望形成灵活的组织来适配市场，为企业的困局找到出路，这是不靠谱的。如果企业本身没有合理的战略内核，连方向都是错误的，那么其中后台提供的激励和赋能也会走偏，在这样的前提下，前台项目又如何力挽狂澜呢？中后台提供的究竟是"正能量"还是"负能量"？如果是"负能量"，前台项目凭什么在这个平台上创业？

这类企业多半处于创业期，老板对自己所处的赛道通常会无比乐观，他们认为，以企业的发展势能为基础，加载强大的平台型组织模式，一定可以一飞冲天。这个逻辑里，关键要素是他们的战略内核，而不是平台型组织。他们需要做的是"活下去"，而为了实现这个目的，应该花最小的成本，建立简洁而规范的金字塔组织。

其三，没有管理基础的企业不适合做平台型组织。

有的老板因为企业管理基础差，希望导入平台型组织来补课甚至实现突破，但这步"跳棋"下不得。若干次的项目经验告诉我们，尽管平台型组织是在颠覆金字塔组织的逻辑，但它又必须建立在金字塔组织的管理基础之上。

例如，要切分出经营单元，企业里业务流的运转就要清晰，让人能够找得到"小闭环"，这考验的是流程体系；又如，要为项目团队设置合理的跟投对赌政策，企业就必须有精确的经营估算模型，这考验的是全面预算管理体系；再如，要在项目团队内进行合理分边，就必须有任职资格体系来衡量员工的能力……事实上，不少看似管理基础强悍的企业，在导入平台型组织之后也发现了自己管理基础的薄弱之处。强者尚且如此，其他企业是否应该更加客观呢？

对于以上几类老板，我的建议是：放弃也是一种选择。踏踏实实做好传统的组织管理，打造健康的金字塔组织，这并不是什么丢脸的事情。重剑无锋，大巧不工。我在附录4中简单总结了这类企业的组织管理规律，希望用简单直接的语言帮助他们少走弯路。

当企业校准了战略内核，夯实了组织管理时，老板自然会在这两个方面有深度认知，成为前面提及的会主动选择组织转型的凤毛麟角。到了那个时候，他们自然有资格向平台型组织进军！

附录 4

创业公司应该如何做组织管理

我接触过很多创业公司,也和一些公司建立了顾问关系,但不得不说,开启有关组织管理的合作有点像是"开盲盒"。

如果遇到组织管理思路清晰的创业公司老板,我们的专业能力就可以徐徐渗透,帮助企业打造坚实的组织;反之,双方的合作就是一种悲剧,咨询公司有思路,但老板有一千个理由不按照这个思路走,于是一顿自由发挥之后一地鸡毛。

创业公司是否需要组织管理?毫无疑问需要。但为什么创业公司通常玩不转组织管理?这是个问题。

组织是如何"堕落"的

我看到过太多创业公司在组织管理上走向"堕落",每次故事都如出一辙。

我尽量用最简单的语言来描述这一过程。

第一步伤在"组织结构"

按理说，企业应该基于商业模式来确定业务流程，基于业务流程来确定组织结构，但是，清楚业务逻辑是一回事，把业务逻辑反映在组织结构上又是另一回事。

大多企业前、中、后台划分不清，该打仗的不打仗，该送弹药的不送弹药，该制定规则的不制定规则。部门分工架构混乱，要么是职责重叠，要么是职责缺位。典型的例子是，对于一项工作究竟该谁做扯不清。正因如此，企业很难为部门制度明确合理的 KPI，只能强行拍脑袋。结果是，部门承接的 KPI 要么与战略无关、自我陶醉，要么大包大揽、根本没法负责（给一个部门下一个承接不了的 KPI）。

第二步伤在"职级体系"

由于没有明确的组织结构，各个部门的定位也就很模糊，管理职级之间自然缺乏对位关系。管理序列内的对位关系是企业内员工职业生涯的"锚"，是技术、营销等其他序列的参照系。如此一来，全公司的职级体系也就崩溃了。

职级体系为什么重要？因为它是组织结构的自然延伸，很大程度上决定了"责"和"权"。职级体系没有打通之前，一个管理者根本不知道自己究竟能调动多少组织资源。于是，所有部门都会垂直发展，部门负责人拥兵自重，"藩王"林立，横向难以协调，甚至高管都调不动部门负责人。由于没有明确的职级体系，员工也不知道自己下一步该去哪里（职位）、要做到什么水平，甚至提升了职位，也不知道意味着什么（这个职位的含金量）。

于是，大家在企业中协调全靠关系，工作全凭自觉，个体之间苦乐不均，"老油条"如鱼得水，新势力举步维艰，"匪帮"管理者滋生。

第三步伤在"激励机制"

由于缺乏管理架构，组织模块之间界限模糊，人力的投入产出也就没法衡量，自然更不可能有管控标准。投入能核算，但产出界定不清，如何建立投入与产出之间的关系？面对这种局面，企业要么急功近利求产出，要么风轻云淡养闲人。

首先，部门的编制和人工成本两类预算没法管控，获取预算全凭表演。即使获取了预算，人效也很难考核。其次，由于没有职级体系，自然也没有薪点表，薪酬上只能一人一薪一议，成本失控，再加上KPI也没有办法"硬碰硬"，绩效难以评估，人才的性价比（其实也是人效）自然很难衡量。

于是，内部公平性遭到强烈质疑，感觉被"亏待"的员工自然会离开，其中有相当一部分属于很有能力的人。道理很简单，如果企业没有职级体系，就不能通过升职对个人的能力进行灵敏反馈，所有的压力就落到了薪酬制度上。不能"升官"，就给"发财"呗。但一个平均分配的薪酬制度显然接不住这个"锅"，所以最吃亏的一定是有能力的人。

第四步伤在"培养机制"

当人才留不住时，企业的人才缺口就会越来越大，所有压力会迅速传导到人才培养上。此时，老板大多会提出不切实际的要求——人才快速实现量产。问题是，苗本来就不多了，也不可能拔苗助长，那人才从哪里来呢？传统的人才培养模式本来就是一项长期工程，又怎么可能立竿见影呢？所以，不少创业公司最后都是人才越用越少。

上面四步，每一步如果做好一点，下一步就会少很多麻烦，但如果逐步推卸责任，后面就是巨型问题。所以，当老板意识到"人才不够"这个显性问题时，可能已经晚了。组织管理上的随意，形成了若干"不良基因"，企业成长的上限已然被"锁死"，下限则持续被"打穿"。这不是老板带头去签个大单就可以解决的问题，即使签下了大客户，组织上的千疮百孔也会耗散掉这些努力。

老板的两种妄念

组织以这种方式"堕落"，本质上还是因为老板缺乏清晰的组织管理思路。总结起来，有两种危险的想法。

第一种妄念是希望用一个 HRD[⊖] 来解决所有问题

一说到组织有问题，部分老板马上脱口而出："穆老师，给我推荐一个好的 HRD 吧。"在他们眼中，他们离标杆企业的组织管理，就差一个 HRD。但问题有可能就这样简单地解决吗？

好不容易空降了一个"大牛"HRD，老板又喜欢地说，"我把这个领域交给你，我充分信任你来构建体系"，而这类 HRD 多半会水土不服。老板用了好几年，最后不得不放弃，双方心里都不舒服，还相互埋怨。企业的雇主形象被破坏了，HRD 的职业声誉也被破坏了，双方相互浪费了时间。

⊖ 此文中的 HRD 均指向老板汇报的 HR 一把手。

我们来谈谈道理：如果你不满意，为何还用了这么久？肯定是你内心没有标准嘛。如果你内心有标准，这个 HRD 行不行，不是两下就可以试出来了吗？如果你内心都没有标准，又为什么要把人家招进来呢？

有的老板还振振有词："如果我有 ×× 那样的 HRD，我们企业肯定不止如此。"这种想法是错的，不是因为 ×× 强，人家的企业才强，很大程度是因为人家老板强，构架了组织系统，×× 才能在系统中发挥了作为 HRD 的作用，人家企业才强。真正的爱情只发生在两个独立的灵魂之间，不要期待一个传奇 HRD 踩着五彩云霞来拯救企业，企业与 HRD 之间是相互成就的。

平心而论，出现如上现象是老板的问题，这类老板多半没有想清楚自己要什么。既没有想清楚自己需要一个什么样的组织管理系统，也没想清楚自己需要一个什么样的 HRD。

第二种妄念是希望用一个"万能灵药"来解决所有问题

如果找不到好的 HRD，部分老板可能会转而寻求一种管理模式，让企业自动运转。有意思的是，他们往往不愿意构建这个管理模式，而是想"拿来就用"。

创业公司的老板喜欢听"干货"，而且这种"干货"最好能把问题简单化，如"管理就是走流程""管理就是做文化"……大家放心，市场上一定有一大群人来制造类似简单结论，再精准投喂"万能灵药"。于是，工作坊、企业文化、OKR 等都被作为常用手段来操作，创业公司的老板乐此不疲地买单。

举例来说，一个组织内部的沟通问题，可以用上述任何一种"万能灵药"来解答。这些工具就像藿香正气水或六味地黄丸，似乎出了什么问题都可以吃两口。若要问有用没用，老板神秘一笑——谁用谁知道。笑话！他自己引进来的，他怎么可能说没用？

明确澄清一下，我不是说上述管理工具没用，而是说不能把它们当作"万能灵药"。工作坊是个好东西，能在短时间内暴露组织的问题，发现改进的方向；企业文化是个好东西，帮助企业澄清使命、愿景、价值观的坐标，让管理制度有坚实的基础，甚至还可以通过企业文化重塑运动为改革打助攻；OKR是个好东西，可以让企业用简洁的方式进行目标解构，还能动态拉平、对齐、复盘……但是，这些工具产生预期作用的前提，是老板先有关于组织建设的全景图（big picture），后续再有其他动作的协同。

上述两种妄念暴露了部分创业公司老板的深层次问题：他们不愿意架构管理体系，也不愿意深入某个重要领域，而是用对"超级HRD"或"万能灵药"的信任来伪装自己的胆怯与懒惰。美团CEO王兴说："多数人为了逃避真正的思考，是愿意做任何事情的。"这是大实话。

组织是系统，组织无捷径

某个创业公司的老板曾力邀我出任其公司的组织与人力资源顾问，但又一再表示出了担心："穆老师，您那些太正规的管理模式，可能不适合我们这种创业公司。"于是，"拉抽屉"一样反复纠结之后，合作未成。

他之所以"力邀"我，无非是看重我在这个专业领域的那点影响力。市场认可，至少说明你穆老师还有点本事。而之所以"质疑"我，本质上有两个原因：一是他害怕在管理上投入成本；二是他担心管理不能马上产生效果。一算投入产出比，自己觉得不划算，于是就退缩了。

其实，这种疑问是伪命题，我们协助建立的管理体系连上千亿的大公司都能用，初创小企业就不行了？如果你要的是宝马轿车，无非是要买辆宝马7系还是1系，难道你的车还不需要轮子、变速箱、发动机？很多老板就是这个思路，不装轮子就想要车跑起来，对于花成本（钱和时间）装轮子，那是心疼至极。好不容易下了决心，又马上问你："轮子都装上了，该给我跑个第一了吧？"如果是这样的要求，我们的咨询服务可能确实达不到他要的效果。

管理模式的呈现可能是简单而优雅的，但系统一定是复杂的。标杆企业出来畅谈时举重若轻，那是因为它们曾经负重前行。事实上，组织管理就是个不能忽视的"慢变量"，需要持续地雕琢才可能有明显的进步。**但是，在组织建设上，你走过的每一步，都算数；你避开的每一步，都会以更加严厉的方式来惩罚你。**

对于创业公司的组织建设，我给出三条真金白银的建议。

第一条，看终局，要有"组织建设纲领"

创业是持久战，既然有商业模式上的宏图大志，那么也应该有组织管理上的终局思维。基于这个终局思维，关于组织如何建设，要有自己坚定不移的"坐标"——组织建设纲领。要建立怎样的文化，要形成什么样的架构，要选择什么样的人才……都要一一考虑清楚。华为在1995年开始编写《华为基本法》，直到1998年才正式审议通过。那时的华为也就是几十亿级营收的创业公司，却花了3年多时间去确定自己建设组织的"坐标"，这种投入显然是一般创业公司无法企及的，所以华为才成就了伟大。

创业公司的老板，80%以上都是偏市场或偏产品方向的，这个不足为奇，做HR这种管理方向工作的人，很少有人出来创业，所以，老板们先别急着把自己想当然地看作组织管理天才，多听听专业声音，多观察观察团队，多推敲推敲思路，再一步步建立自己的"坐标"。

建立自己的"坐标"后，就要带领核心创业伙伴一步一个脚印地向前走。在这个过程中，千万不要受其他人的消极影响，即使感觉在做最难、最没有效果的事，也一定不要放弃。这就是老板的玄奘之旅、自我修行。

第二条，要系统，不要强人

有了组织管理系统的架构，就要分步实施落地。这个时候，千万不要寄希望于一个 HRD 作为"总包商"出现，来帮企业完成所有的建设。记住，你要的是系统，不是强人。

首先，不可能有强人从天而降，帮你从 0 到 1 走到组织的终局；其次，强人也不可能一直在你的企业里，原因不言自明。

所以，应该让不同的人帮企业建设系统，甚至每个阶段的系统需要不同专业、不同水平的人来建设。这个时候，"组织建设纲领"就能发挥作用了。有了这个纲领，需要什么人来产生什么作用、这个人有没有用，就会一目了然。一个阶段的 HRD 即使离开，下一任也可以按照纲领的思路自然承接。人员可以进进出出，但留下的是系统。

第三条，走直路，不走弯路

一位女企业家告诉我："穆老师，我在很多年前就只买爱马仕了。"在这个问题上，她是头脑清晰的。如果你确认自己是用爱马仕的人，但却因一时拮据而选择了便宜的品牌，那么恭喜你，你一定会换掉它。而换掉就产生了浪费，因为你很难以原价再把它卖出去。买东西，就应该一步到位。

所以，创业公司最好不要在组织建设上走弯路，如果你有了终局思维，就应该直接买"爱马仕"。好多创业公司都想不清楚这个问题，要么是用很多临时手段来支撑管理，要么是今天学武当、明天学少林，乱吃"万能灵药"，一顿折腾，最后一地鸡毛。其实，"小刀锯大树"才是最大的浪费。

不少创业公司的老板还振振有词——小步快跑，快速迭代！你确定不是在以快速迭代为名来朝令夕改？

其实，"迭代"这个词还挺冠冕堂皇的。

参 考 文 献

[1] 穆胜. 2021中国企业平台型组织建设研究报告[R].青岛：穆胜企业管理咨询事务所平台型组织研究中心，2021.

[2] 穆胜. 2020中国企业人力资源效能研究报告[R].青岛：穆胜企业管理咨询事务所人力资源效能研究中心，2020.

[3] 穆胜.穆胜研究：组织平台化进程中的人力财务三支柱变革[M].北京：机械工业出版社，2021.

[4] 穆胜.平台型组织：释放组织与个体的潜能[M].北京：机械工业出版社，2020.

[5] 穆胜.创造高估值：打造价值型互联网商业模式[M].北京：机械工业出版社，2020.

[6] 穆胜.激发潜能：平台型组织的人力资源顶层设计[M].北京：机械工业出版社，2019.

[7] 穆胜.重塑海尔：可复制的组织进化路径[M].北京：人民邮电出版社，2018.

[8] 穆胜.释放潜能：平台型组织的进化路线图[M].北京：人民邮电出版社，2017.

[9] 穆胜.私董会2.0[M].北京：中国人民大学出版社，2016.

[10] 穆胜.云组织：互联网时代企业如何转型创客平台[M].北京：电子工业出版社，2015.

[11] 穆胜.人力资源管理新逻辑[M].北京：新华出版社，2015.

[12] 穆胜.叠加体验：用互联网思维设计商业模式[M].北京：机械工业出版社，2014.

穆胜企业管理咨询事务所

穆胜企业管理咨询事务所（以下简称"穆胜咨询"）是以国内知名管理学者、北京大学光华管理学院博士后穆胜先生为核心创立的专业管理咨询机构。团队集合了来自北京大学、纽约大学等中外顶级名校的高端人才，平均学历为硕士及以上。

穆胜咨询专注于商业模式和组织管理两大领域，基于长期的研究沉淀与实践探索，形成了备受实践界与学术界认可的两大核心IP——平台型组织（PFO®）和人力资源效能（iHRE®）。

基于上述IP发展出的原创方法论，结合对于互联网和数字化时代商业趋势的深度认知，穆胜咨询得以为企业提供成长过程中所需的综合赋能服务。其服务形式主要有项目咨询、工作坊（workshop）、版权课程和专业研报。当前，穆胜咨询已经为国内若干先锋企业提供了高质量的智力支持，成为其发展过程中高度依赖的长期智囊，持续践行着"观点推动商业实践"的企业使命。

联系电话：400-6380-688

公司网址：www.drmusheng.com

欢迎添加穆胜咨询企业微信　　"穆胜咨询"公众号　　"穆胜咨询"视频号

穆 胜 作 品

激发潜能:平台型组织的人力资源顶层设计

ISBN: 978-7-111-62864-4

创造高估值:打造价值型互联网商业模式

ISBN: 978-7-111-64263-3

平台型组织:释放个体与组织的潜能

ISBN: 978-7-111-66761-2

人力资源效能

ISBN: 978-7-111-67724-6

重构平台型组织

ISBN: 978-7-111-70288-7

2021年最新版
"日本经营之圣"稻盛和夫经营学系列

马云、张瑞敏、孙正义、俞敏洪、陈春花、杨国安　联袂推荐

序号	书号	书名	作者
1	9787111635574	干法	【日】稻盛和夫
2	9787111590095	干法（口袋版）	【日】稻盛和夫
3	9787111599531	干法（图解版）	【日】稻盛和夫
4	9787111498247	干法（精装）	【日】稻盛和夫
5	9787111470250	领导者的资质	【日】稻盛和夫
6	9787111634386	领导者的资质（口袋版）	【日】稻盛和夫
7	9787111502197	阿米巴经营（实战篇）	【日】森田直行
8	9787111489146	调动员工积极性的七个关键	【日】稻盛和夫
9	9787111546382	敬天爱人：从零开始的挑战	【日】稻盛和夫
10	9787111542964	匠人匠心：愚直的坚持	【日】稻盛和夫 山中伸弥
11	9787111572121	稻盛和夫谈经营：创造高收益与商业拓展	【日】稻盛和夫
12	9787111572138	稻盛和夫谈经营：人才培养与企业传承	【日】稻盛和夫
13	9787111590934	稻盛和夫经营学	【日】稻盛和夫
14	9787111631576	稻盛和夫经营学（口袋版）	【日】稻盛和夫
15	9787111596363	稻盛和夫哲学精要	【日】稻盛和夫
16	9787111593034	稻盛哲学为什么激励人：擅用脑科学，带出好团队	【日】岩崎一郎
17	9787111510215	拯救人类的哲学	【日】稻盛和夫 梅原猛
18	9787111642619	六项精进实践	【日】村田忠嗣
19	9787111616856	经营十二条实践	【日】村田忠嗣
20	9787111679622	会计七原则实践	【日】村田忠嗣
21	9787111666547	信任员工：用爱经营，构筑信赖的伙伴关系	【日】宫田博文
22	9787111639992	与万物共生：低碳社会的发展观	【日】稻盛和夫
23	9787111660767	与自然和谐：低碳社会的环境观	【日】稻盛和夫